IN OTHER WORDS

JAVED AKHTAR

Translated from the Urdu by
David Matthews and Ali Husain Mir

HarperCollins *Publishers* India

First published in paperback in India in 2015 by
HarperCollins *Publishers* India

Copyright © Javed Akhtar 2015
Translation Copyright © David Matthews and Ali Husain Mir 2015

P-ISBN: 978-93-5177-023-7
E-ISBN: 978-93-5177-024-4

2 4 6 8 10 9 7 5 3 1

Javed Akhtar asserts the moral right
to be identified as the author of this work.

All rights reserved. No part of this publication may be reproduced, stored in a retrieval system, or transmitted, in any form or by any means, electronic, mechanical, photocopying, recording or otherwise, without the prior permission of the publishers.

HarperCollins *Publishers*
A-75, Sector 57, Noida, Uttar Pradesh 201301, India
1 London Bridge Street, London, SE1 9GF, United Kingdom
Hazelton Lanes, 55 Avenue Road, Suite 2900, Toronto, Ontario M5R 3L2
and 1995 Markham Road, Scarborough, Ontario M1B 5M8, Canada
25 Ryde Road, Pymble, Sydney, NSW 2073, Australia
195 Broadway, New York, NY 10007, USA

Typeset in ITC Slimbach Std 11.5/ 16 and Shiva 14/17 at
Saanvi Graphics Noida

Printed and bound at
Thomson Press (India) Ltd.

IN OTHER WORDS

Apart from being a successful scriptwriter in the Hindi film industry, lyricist and poet, Javed Akhtar belongs to a family without whose mention the history of Urdu literature cannot be considered complete.

Javed is the son of the famous progressive poet Jan Nisar Akhtar and the writer Safiya Akhtar of *Zer-e-Lab* fame, and the nephew of the legendary poet Majaz. One of the most respected names of his time, the poet Muztar Khairabadi was Javed's grandfather. Muztar's father, Syed Ahmad Husain Ruswa, was a stellar poet, too. Muztar's mother, Syeda Hirmaan, was among the handful of women poets of the nineteenth century who figure in the history of Urdu literature. Hirmaan's father, Allama Fazl-e Haq Khairabadi, was not merely one of the most well-regarded scholars of his age but also a philosopher, a leader and a poet who wrote in Arabic. He was a close friend of Ghalib's, and the *Diwan-e-Ghalib*, that the world considers so precious, was edited by him. He was sent to prison in the Andamans for his role in the First War of Independence in 1857, which is where he died and his grave still lies. Javed Akhtar has received literature, culture and learning as a legacy from all these ancestors. And through his own poetry, Akhtar continues to increase the wealth he has inherited.

Javed Akhtar's poetry speaks of the urban milieu that envelops him. Helplessness, hunger and homelessness, crowds and solitude, filth and crime, fame and obscurity, rock-strewn footpaths and glass-studded skyscrapers: this cosmopolitan world he inhabits seeps into the tone and tenor of his writing. Akhtar's sharply observed poems stretch across time and space, articulate the extremities of hot and cold seasons, of walking barefoot on live-hot embers and the tenderness of kissing flowers drenched in dew. These are bittersweet verses from a man who has felt firsthand the sharpness of sensation. The themes he speaks of are universal, yet the timbre of Akhtar's poetry is unique; it is not the echo of other voices.

—Dr. Gopi Chand Narang

To Safiya, my mother,
whom I lost when I was only eight

Contents

Foreword	xiii
ज़बान	2
Language	3
मेरा आँगन, मेरा पेड़	6
My Courtyard, My Tree	7
एक मोहरे का सफ़र	8
The Journey of a Pawn	9
उलझन	12
Perplexity	13
वो कमरा याद आता है	16
I Remember That Room	17
आँसू	22
Teardrop	23
दुश्वारी	28
Dilemma	29
एतेराफ़	30
Confession	31

वक़्त	32
Time	33
बरवक़्त एक और ख़याल	44
Another Timely Thought	45
दोराहा	46
Crossroads	47
शबाना	52
Shabana	53
मेरी दुआ है	56
My Prayer	57
ख़ुदा हाफ़िज़	60
Adieu	61
हिज्र	68
Being Apart	69
मुअम्मा	70
Riddle	71
बंजारा	72
Banjara	73
मोनताज	80
Montage	81
आसार-ए-क़दीमा	84
Remains of the Past	85
आओ, और न सोचो	88
Come Now and Do Not Think	89

बेघर	92
Homeless	93
कच्ची बस्ती	94
The Slum	95
भूख	100
Hunger	101
सुबह की गोरी	110
Morning Maiden	111
मदर टेरेसा	112
Mother Teresa	113
ये खेल क्या है?	118
What is This Game?	119
कायनात	124
Universe	125
आरज़ू के मुसाफ़िर	130
The Travellers of Desire	131
मेले	142
Fairs	143
जहन्नुमी	146
Infernal	147
परस्तार	150
Fan	151
एक शायर दोस्त से	156
To a Poet Friend	157

अजीब क़िस्सा है	158
It's a Strange Tale	159
बीमारी की रात	164
A Critical Night	165
ग़म बिकते हैं	168
Sorrows for Sale	169
शिकस्त	170
Defeat	171
दिल	176
Heart	177
जुर्म और सज़ा	180
Crime and Punishment	181
फ़साद से पहले	186
Before the Riot	187
फ़साद के बाद	190
After the Riot	191
हमसाये के नाम	194
To a Neighbour	195
अजीब आदमी था वो	198
He was a Strange Man	199
बरगद	204
The Banyan Tree	205
हिल-स्टेशन	206
Hill Station	207

पेड़ से लिपटी बेल	210
The Vine Wrapped Around the Tree	211
Acknowledgements	217
About the translators	219
Poems translated by David Matthews	220
Poems translated by Ali Husain Mir	221

Foreword

Kaifi Azmi once memorably described a film lyricist's job as first digging a grave and then finding a body to fit it! Needless to say, he managed to find some spectacular bodies. So has Javed Akhtar, one of the most popular film lyricists of our times and, coincidentally, Azmi's son-in-law. In fact, several of Akhtar's songs have far exceeded the brief extended to a song writer by the Hindi film industry; many of his songs have risen beyond their time and circumstance and spoken to our collective consciousness. Blurring the definition of lyric and poetry, there is a great deal in Javed Akhtar's cinematic oeuvre that is outstanding poetry, such as this lyric from the film *1942: A Love Story*, which contains within it tremulous beauty and technical finesse in near-perfect proportions:

> *'Kuch na kaho, kuch bhi na kaho*
> *Kya kehna hai, kya sun-na hai*
> *Mujhko pata hai, tumko pata hai*
> *Samay ka yeh pal thum sa gaya hai*
> *Aur iss pal mein koyi nahin hai*
> *Bas ek main hoon, bas ek tum ho'*

But there is far more to Javed Akhtar's poetic oeuvre than the lyrics he has written for the film industry; there are two selections of non-film poetry comprising ghazals and nazms: the first collection entitled *Tarkash* was published in

1995, followed by *Lava* in 2012. The nazms from these two collections have been culled to create *In Other Words*, and as its title indicates, it includes translations into English and transliteration into Devnagri of the Urdu nazms. But the title also alludes to an altogether different set of words, images, metaphors – different, that is, from the vocabulary of film lyrics – that show us the 'other' Javed Akhtar. Sometimes wistful, sometimes questioning, this 'other' Javed Akhtar shows those sides of his personality that the public persona camouflages so well. There is, for instance, the child within him who looks back and remembers the tree that grew in his courtyard in 'Mera Aangan, Mera Ped', or the lived-in room in 'Woh Kamra Yaad Aata Hai', or the grown man who shows a child-like wonder for sounds that became words in 'Zubaan':

> 'How was a sound
> First poured out into lines?'

Stunning, multi-hued images tumble out of the nazms included in this collection, as though in a kaleidoscope, dazzling us with bursts of ideas and thoughts. Apart from their great aural and sensual appeal, they also have a questioning, probing quality, as though the poet is using the nazm to ask larger metaphysical questions about the world around him, as in 'Waqt', 'Kainat', 'Aansoo', 'Yeh Khel Kya Hai?' where he creates an avalanche of questions:

> 'What is time?
> What is this thing that goes on without pause?
> If it did not pass
> Then where could it have been?'

Or:

> 'Is there a world beyond that
> Is there a sky
> If there is nothing
> Then how far does this nothing extend'

Defying the conventional labels of 'revolutionary' or 'romantic', the poems included here show a curious mind forever grappling with the world around him. Asking, probing, extending the frontiers of understanding, he is the seeker in search of answers:

> 'For centuries
> I have been gazing into the cosmos and its vastness
> At all its wonder, all its wonder
> The stars whose rays, like messengers
> Have been travelling for millions of years
> Eager to reach the earth
> Someday, they will surely light up my eyes
> Someday, I will be able to grasp the hem of that light
> And clutching it, go look into that space'

Elsewhere, nazms such as 'Banjara', 'Gham Bikte Hain', 'Beghar', 'Shikast' are brimful with the pain of loss, longing and loneliness. Sometimes, the sorrows are so stark that no amount of sophistry or cynicism can hide them or dull the sharp edge of pain:

> 'I have always sold my sorrow
> For a good price
> But
> The sorrow I have got today

> I cannot display it on any counter
> For the first time I am ashamed
> This sorrow I shall not be able to sell'

Like the earth that spews molten rock from deep within its bosom in the form of lava, Javed Akhtar's poetry emerges from some deep crevice within his soul. Flowing like a molten river, gleaming and incandescent on the surface but rippling with a singeing and scorching heat, this collection hides unexpected depths. But just as, upon cooling and calming, the lava that erupts from the innards of the earth can also nurture and nourish, so too can this collection of poetry that is by turns angry and philosophical, questioning and answering, troubling and troubled, restless and restful.

Rakhshanda Jalil
New Delhi

IN OTHER WORDS

ज़बान

कोई ख़याल
और कोई भी जज़्बा[1]
कोई भी शय[2] हो
जाने उसको
पहले-पहल आवाज़ मिली थी
या उसकी तस्वीर बनी थी
सोच रहा हूँ

कोई भी आवाज़
लकीरों मे जो ढली
तो कैसे ढली थी
सोच रहा हूँ
ये जो इक आवाज़ अलिफ़[3] है
सीधी लकीर में
ये आख़िर किसने भर दी थी
क्यों सबने ये मान लिया था
सामने मेरी मेज़ पे इक जो फल रक्खा है
इसको सेब ही क्यों कहते हैं
सेब तो इक आवाज़ है
इस आवाज़ का इस फल से

---
[1] भावना, [2] चीज़, [3] उर्दू वर्णमाला का पहला अक्षर

Language

Any thought
Any emotion
Any object
When was it first given a sound?
Or turned into an image?
I wonder

How was a sound
First poured out into lines?
How did that happen?
I wonder
Who filled up
A mere straight line
With the sound of 'alif'?
Why did everyone accept
That the fruit which lies on the table before me
Should only be called an apple?
'Apple' is but a sound
But the unique relationship of that sound to this fruit
How did that come about?

जो अनोखा रिश्ता बना है
कैसे बना था
और ये टेढ़ी-मेढ़ी लकीरें
जिनको हर्फ़[1] कहा जाता है
ये आवाज़ों की तस्वीरें
कैसे बनी थीं
आवाज़ें तस्वीर बनीं
या तस्वीरें आवाज़ बनी थीं
सोच रहा हूँ

सारी चीज़ें
सारे जज़्बे
सारे ख़याल
और उनका तआरुफ़[2]
उनकी ख़बर और
उनके हर पैग़ाम को देने पर फ़ाइज़[3]
सारी आवाज़ें
इन आवाज़ों को अपने घर मे ठहराती
अपनी अमान[4] में रखती
टेढ़ी-मेढ़ी लकीरें
किस ने ये कुनबा जोड़ा है
सोच रहा हूँ

---

[1] अक्षर, [2] परिचय, [3] नियुक्त, [4] शरण

And these crooked lines
That are called letters
These images of the sounds
How were they made?
Did sounds turn into images
Or were images made into sounds?
I wonder

All objects
Each emotion
Every thought
And all those sounds
That successfully introduce them
Give their news
Spread their every message
And the twisted lines
That host the sounds
That protect them
Who has put together this clan?
I wonder

मेरा आँगन, मेरा पेड़

मेरा आँगन
कितना कुशादा[1] कितना बड़ा था
जिसमें
मेरे सारे खेल
समा जाते थे
और आँगन के आगे था वह पेड़
कि जो मुझसे काफ़ी ऊँचा था
लेकिन मुझको इसका यक़ीं था
जब मैं बड़ा हो जाऊँगा
इस पेड़ की फुनगी भी छू लूँगा
बरसों बाद
मैं घर लौटा हूँ
देख रहा हूँ
ये आँगन कितना छोटा है
पेड़ मगर पहले से भी थोड़ा ऊँचा है

---

[1] फैला हुआ

My Courtyard, My Tree

My courtyard
How wide it was, how vast
The yard in which
All my games fitted so well
And in front of that yard stood that tree
Which was much taller than I
But
I was sure
That when I grew up
I would manage to touch the top of that tree
After so many years
I have come back home
And I see how small
My courtyard really is
But the tree is even a little taller
Than it was before

एक मोहरे का सफ़र

जब वो कम उम्र ही था
उसने ये जान लिया था कि अगर जीना है
बड़ी चालाकी से जीना होगा
आँख की आख़िरी हद तक है बिसाते-हस्ती[1]
और वो मामूली सा इक मोहरा है
इक इक ख़ाना बहुत सोच के चलना होगा
बाज़ी आसान नहीं थी उसकी
दूर तक चारों तरफ़ फैले थे
मोहरे
जल्लाद
निहायत सफ़्फ़ाक[2]
सख़्त बेरहम
बहुत ही चालाक
अपने क़ब्ज़े में लिए
पूरी बिसात[3]
उसके हिस्से में फ़क़त[4] मात लिए
वो जिधर जाता
उसे मिलता था
हर नया ख़ाना नई घात लिए

---

[1] जीवन के शतरंज की बिसात, [2] बेदर्द, [3] शतरंज, [4] केवल

The Journey of a Pawn

When he was still quite young
He learnt that if you want to stay alive
You have to be as cunning as you can
The board extends as far as the eye can see
And he is just an ordinary pawn.
He has to go from square to square
With utmost thought
The game he played was never easy
Far and wide, in all directions were deployed
Pawns
Heartless
Bloodthirsty in the extreme
Hard, merciless
And very cunning
Taking in their control
The entire board
Intent only upon checkmating him
Wherever he moved
He encountered
Each new square concealing a new ambush

वो मगर बचता रहा
चलता रहा
एक घर
दूसरा घर
तीसरा घर
पास आया कभी औरों के
कभी दूर हुआ
वो मगर बचता रहा
चलता रहा
गो[1] कि मामूली सा मोहरा था मगर जीत गया
यूँ वो इक रोज़ बड़ा मोहरा बना
अब वो महफ़ूज़[2] है इक ख़ाने में
इतना महफ़ूज़ कि दुश्मन तो अलग
दोस्त भी पास नहीं आ सकते

उसके इक हाथ में है जीत उसकी
दूसरे हाथ में तनहाई है

---

[1] यद्यपि, [2] सुरक्षित

But he survived
He progressed
One house
Another house
A third house
Sometimes he drew near to others
Sometimes he moved far away
But he survived
He progressed
Although he was a humble pawn, he won
And so, one day, he became a great pawn
Now he is safe within one square
So safe that let alone his enemies
Not even his friends can approach him

In one hand he clasps victory
In the other, loneliness

उलझन

करोड़ों चेहरे
और उनके पीछे
करोड़ों चेहरे
ये रास्ते हैं कि भिड़ के छत्ते
ज़मीन जिस्मों से ढक गई है
क़दम तो क्या तिल भी धरने की अब जगह नहीं है
ये देखता हूँ तो सोचता हूँ
कि अब जहाँ हूँ
वहीं सिमट के खड़ा रहूँ मैं
मगर करूँ क्या
कि जानता हूँ
कि रुक गया तो
जो भीड़ पीछे से आ रही है
वो मुझको पैरों तले कुचल देगी, पीस देगी
तो अब जो चलता हूँ मैं
तो ख़ुद मेरे अपने पैरों मे आ रहा है
किसी का सीना
किसी का बाज़ू
किसी का चेहरा
चलूँ
तो औरों पे ज़ुल्म ढाऊँ

Perplexity

Millions of faces
And following them
Millions of faces
Are these streets or hornets' nests
The earth is covered with bodies
No place to walk, no room to squeeze by
I look at this and think
That I might as well remain
Rooted where I am
But what can I do?
Because I know
That if I stop
The crowd behind me
Will trample me under its feet and crush me
So now, as I walk
Under my own feet is
Someone's chest
Someone's arm
Someone's face
If I walk on
I shall oppress others

रुकूँ
तो औरों के ज़ुल्म झेलूँ
ज़मीर[1]
तुझको तो नाज़ है अपनी मुंसिफ़ी[2] पर
ज़रा सुनूँ तो
कि आज क्या तेरा फ़ैसला है

---

[1] अंतरात्मा, [2] न्यायप्रियता

If I stop
I shall suffer oppression
My conscience!
You are so proud of your sense of justice
So tell me
What decision have you reached today?

वो कमरा याद आता है

मैं जब भी
ज़िंदगी की चिलचिलाती धूप में तपकर
मैं जब भी
दूसरों के और अपने झूठ से थककर
मैं सबसे लड़ के ख़ुद से हारके
जब भी उस इक कमरे में जाता था
वो हलके और गहरे कत्थई रंगो का इक कमरा
वो बेहद मेहरबाँ कमरा
जो अपनी नर्म मुट्ठी में मुझे ऐसे छुपा लेता था
जैसे कोई माँ
बच्चे को आँचल में छुपा ले
प्यार से डाँटे
ये क्या आदत है
जलती दोपहर में मारे मारे घूमते हो तुम
वो कमरा याद आता है
दबीज़[1] और ख़ासा भारी
कुछ ज़रा मुश्किल से खुलने वाला
वो शीशम का दरवाज़ा
कि जैसे कोई अक्खड़ बाप
अपने खुरदुरे सीने में

---
[1] ठोस

I Remember That Room

Whenever
I was scorched by the burning sun of life
Whenever
I grew tired of my own lies and the lies of others
Fighting with everyone, losing against myself
I used to go into that room
That one room with its light and dark brown colours
That room, kind beyond all bounds
Which used to tuck me up in its soft sleep
As a mother
Might hide a child in the folds of her dress,
Scolding with love:
'Now what a way to go on!
Wandering about in the midday sun!'
I remember that room
That heavy, solid wooden door
Hard to pull open
As if a stern father
In his rugged breast

शफ़क़त[1] के समंदर को छुपाये हो
वो कुर्सी
और उसके साथ वो जुड़वाँ बहन उसकी
वो दोनों
दोस्त थीं मेरी
वो इक गुस्ताख़ मुँहफट आईना
जो दिल का अच्छा था
वो बेहंगम[2] सी अलमारी
जो कोने में खड़ी
इक बूढ़ी अन्ना[3] की तरह
आईने को तन्बीह[4] करती थी
वो इक गुलदान[5]
नन्हा-सा
बहुत शैतान
उन दोनों पे हँसता था
दरीचा[6]
या ज़हानत[7] से भरी इक मुस्कुराहट
और दरीचे पर झुकी वो बेल
कोई सब्ज़[8] सरगोशी[9]
किताबें
ताक़ में और शेल्फ़ पर
संजीदा उस्तानी बनी बैठीं
मगर सब मुंतज़िर[10] इस बात की
मैं उनसे कुछ पूछूँ
सिरहाने

---

[1] स्नेह, [2] बेढंगी, [3] आया, [4] टोकना, [5] फूलदान, [6] खिड़की, [7] समझदारी, [8] हरे रंग की, [9] कोनों में कही बात, [10] जो इंतज़ार करे

Had hidden an ocean of tenderness
That chair
With its twin sister
Both of them
Were my friends
That insolent, loud-mouthed mirror
Which had a kind heart
That clumsy wardrobe
Standing in the corner
Like an old nurse
Would reprove the mirror
The flower vase
Quite tiny
Very naughty
Laughing at them both
The window
Or a knowing smile
And the creeper, bending over the casement
Some green whisper
Books
In the alcoves or on the shelf
Sat like some serious school-ma'am
But they waited for me
To ask them something
Pillows

नींद का साथी
थकन का चारागर[1]
वो नर्म-दिल तकिया
मैं जिसकी गोद में सर रखके
छत को देखता था
छत की कड़ियों में
न जाने कितने अफ़सानों[2] की कड़ियाँ थीं
वो छोटी मेज़ पर
और सामने दीवार पर
आवेज़ाँ[3] तस्वीरें
मुझे अपनाईयत से और यक़ीं से देखतीं थीं
मुस्कुराती थीं
उन्हें शक भी नहीं था
एक दिन
मैं उनको ऐसे छोड़ जाऊँगा
मैं इक दिन यूँ भी जाऊँगा
कि फिर वापस न आऊँगा

मैं अब जिस घर में रहता हूँ
बहुत ही ख़ूबसूरत है
मगर अकसर यहाँ ख़ामोश बैठा याद करता हूँ
वो कमरा बात करता था

---

[1] वैद-डॉक्टर, [2] कहानियों, [3] लगी हुई

Companions of slumber
Remedy for tiredness
That soft-hearted bolster
In whose lap I would rest my head
And gaze at the ceiling
In the rafters of the roof
No one knows how many tales were begun
Over the little table
On the facing wall
Hanging pictures
Used to look at me with affection and trust
They smiled
Never dreaming that
One day
I would leave like this
One day I would depart
Never to return.

The house where I live now
Is a fine one
But often I sit here in silence and remember
How that room would talk to me

आँसू

किसी का ग़म सुन के
मेरी पलकों पे
एक आँसू जो आ गया है
ये आँसू क्या है

ये आँसू क्या इक गवाह है
मेरी दर्द-मंदी का मेरी इंसान-दोस्ती का
ये आँसू क्या इक सुबूत है
मेरी ज़िंदगी में ख़ुलूस की एक रौशनी का
ये आँसू क्या ये बता रहा है
कि मेरे सीने में एक हस्सास[1] दिल है
जिसने किसी की दिलदोज़[2] दास्ताँ जो सुनी
तो सुनके तड़प उठा है
पराये शोलों में जल रहा है
पिघल रहा है
मगर मैं फिर ख़ुद से पूछता हूँ
ये दास्ताँ तो अभी सुनी है
ये आँसू भी क्या अभी ढला है

---
[1] संवेदनशील, [2] हृदयस्पर्शी

Teardrop

Upon hearing about someone's sorrow
A teardrop
Has appeared on my eyelashes
What is this tear?

Does this tear bear witness
To my compassion, my love for humanity?
Is this tear proof
Of the light of selflessness in my life?
Does this tear demonstrate
That a sensitive heart beats in my chest
Which upon hearing another's heart-rending tale
Has been moved
And is burning in the flames of another's pain
Melting in them
But then I ask myself
I have only just heard this tale
Has this teardrop too only just formed?
Should I assume
That this tear

ये आँसू
क्या मैं ये समझूँ
पहले कहीं नहीं था
मुझे तो शक है कि ये कहीं था
ये मेरे दिल और मेरी पलकों के दरमियाँ
इक जो फ़ासला है
जहाँ ख़यालों के शहर ज़िन्दा हैं
और ख़्वाबों की तुर्बतें[1] हैं
जहाँ मुहब्बत के उजड़े बाग़ों में
तल्ख़ियों के बबूल हैं
और कुछ नहीं है
जहाँ से आगे हैं
उलझनों के घनेरे जंगल

ये आँसू
शायद बहुत दिनों से
वहीं छिपा था
जिन्होंने इसको जनम दिया था
वो रंज[2] तो मसलेहत[3] के हाथों
न जाने कब क़त्ल हो गए थे
तो करता फिर किसपे नाज़ आँसू
कि हो गया बेजवाज़[4] आँसू
यतीम[5] आँसू, यसीर[6] आँसू
न मोतबर[7] था
न रास्तों से ही बाख़बर था

---

[1] क़ब्रें, [2] दुःख, [3] नीति, [4] अकारण, [5] अनाथ, [6] लावारिस, [7] विश्वस्त

Didn't exist before now?
I suspect that it was there, somewhere
In the distance
Between my heart and my eye
Where entire cities of feelings flourish
Where dreams lie buried
Where the blighted gardens of love
Nurture thorny trees of bitterness
And nothing else
And beyond which lie
Dense forests of anxiety

This teardrop
Had probably been lurking there
For several days
The grief that had birthed it
Long been murdered
At the hands of expediency
With no one to be proud of
Its legitimacy in doubt
Fatherless, motherless
Unable to command any respect
Unfamiliar with the paths

तो चलते चलते
वो थम गया था
ठिठक गया था
झिझक गया था

इधर से आज इक किसी के ग़म की
कहानी का कारवाँ जो गुज़रा
यतीम आँसू ने जैसे जाना
कि इस कहानी की सरपरस्ती मिले
तो मुम्किन है
राह पाना
तो इक कहानी की उँगली थामे
उसी के ग़म को रुमाल करता
उसी के बारे में
झूठे-सच्चे सवाल करता
ये मेरी पलकों तक आ गया है

This tear had stopped in its tracks
Hesitant
Scared

Today, when a caravan of someone's sorrowful tale
Passed by this way
The orphaned tear hoped
That if it could secure this tale's patronage
Then it might be possible
To find its way out
And so, clutching the story's finger
Claiming its sadness
Asking it
Random questions about itself
It has made its way to my eyelashes

दुश्वारी[1]

मैं भूल जाऊँ तुम्हें
अब यही मुनासिब है
मगर भुलाना भी चाहूँ तो किस तरह भूलूँ
कि तुम तो फिर भी हक़ीक़त हो
कोई ख़्वाब नहीं
यहाँ तो दिल का ये आलम है क्या कहूँ
कमबख़्त!
भुला न पाया ये वो सिलसिला
जो था ही नहीं
वो इक ख़याल
जो आवाज़ तक गया ही नहीं
वो एक बात
जो मैं कह नहीं सका तुमसे
वो एक रब्त[2]
जो हममें कभी रहा ही नहीं
मुझे है याद वो सब
जो कभी हुआ ही नहीं

---

[1] कठिनाई, [2] संबंध

Dilemma

Perhaps I should forget you
This is now the proper thing to do
But even if I wish to erase you from my mind
How can I forget?
After all you are real
Not just a dream
What can I say
About this wretched heart
That could never forget
The rapport that never was
That idea, that one idea
Which was never expressed
That word, that one word
Which I could not say to you
That relationship
Which never existed between you and me
I remember all those things
Which never happened

एतेराफ़[1]

सच तो ये है क़ुसूर अपना है
चाँद को छूने की तमन्ना की
आस्मां को ज़मीन पर माँगा
फूल चाहा कि पत्थरों पे खिले
काँटों में की तलाश ख़ुशबू की
आग से माँगते रहे ठंडक
ख़्वाब जो देखा
चाहा सच हो जाए
इसकी हमको सज़ा तो मिलनी थी

---

[1] स्वीकारोक्ति

Confession

The truth is that the fault is mine
I desired to touch the moon
Asked for the sky to come down to the earth
Wanted that flowers should bloom on stones
Searched for fragrance in thorns
Kept asking for cool comfort from fire
Wanted the dream I had
To come true
For this, I admit, I had to be punished

वक़्त

ये वक़्त क्या है
ये क्या है आख़िर कि जो मुसलसल[1] गुज़र रहा है
ये जब न गुज़रा था
तब कहाँ था
कहीं तो होगा
गुज़र गया है
तो अब कहाँ है
कहीं तो होगा
कहाँ से आया किधर गया है
ये कब से कब तक का सिलसिला है
ये वक़्त क्या है

वे वाक़ए[2]
हादसे[3]
तसादुम[4]
हर एक ग़म
और हर इक मसर्रत[5]
हर इक अज़ीयत[6]
हर एक लज़्ज़त[7]
हर एक तबस्सुम[8]

---

[1] लगातार, [2] घटनाएँ, [3] दुर्घटनाएँ, [4] टकराव, [5] खुशी, [6] तकलीफ़, [7] आनन्द, [8] मुस्कान

Time

What is time?
What is this thing that goes on without pause?
If it did not pass
Then where could it have been?
It must have been somewhere
It has passed
So where is it now?
It must be somewhere
Where did it come from? Where did it go?
Where did the process being? Where will it end?
What is time?

These events
Incidents
Conflicts
Every grief
Every joy
Every torment
Every pleasure
Every smile

हर एक आँसू
हर एक नग़मा[1]
हर एक ख़ुशबू
वो ज़ख़्म का दर्द हो
कि वो लम्स[2] का हो जादू
ख़ुद अपनी आवाज़ हो कि माहौल की सदाएँ[3]
ये ज़हन में बनती और बिगड़ती हुई फ़िज़ाएँ
वो फ़िक्र में आए ज़लज़ले[4] हों
कि दिल की हलचल
तमाम एहसास
सारे जज़्बे
ये जैसे पत्ते हैं
बहते पानी की सतह पर
जैसे तैरते हैं
अभी यहाँ हैं
अभी वहाँ हैं
और अब हैं ओझल
दिखाई देता नहीं है लेकिन
ये कुछ तो है
जो कि बह रहा है
ये कैसा दरिया है
किन पहाड़ों से आ रहा है
ये किस समंदर को जा रहा है
ये वक़्त क्या है

---

[1] गीत, [2] स्पर्श, [3] आवाज़ें, [4] भूचाल

Every tear
Every song
Every scent
It may be the pain of a wound
Or the magic of a tender touch
One lonely voice or the sounds around
Successes and failures assailing the mind
The upheavals of care, the tumult of the heart
All feelings
All emotions
Are like leaves
Floating on the surface of the water
As they swim along
Now here
Now there
And now they disappear
Though unseen
There must be something
Flowing along
What is this river?
Which hills has it come from?
Which sea is it going to?
What is time?

कभी कभी मैं ये सोचता हूँ
कि चलती गाड़ी से पेड़ देखो
तो ऐसा लगता है
दूसरी सम्त[1] जा रहे हैं
मगर हक़ीक़त में
पेड़ अपनी जगह खड़े हैं
तो क्या ये मुमकिन है
सारी सदियाँ
क़तार अंदर क़तार[2] अपनी जगह खड़ी हों
ये वक़्त साकित[3] हो
और हम ही गुज़र रहे हों
इस एक लम्हे में
सारे लम्हे
तमाम सदियाँ छुपी हुई हों
न कोई आइंदा[4]
न गुज़िश्ता[5]
जो हो चुका है
वो हो रहा है
जो होनेवाला है
हो रहा है
मैं सोचता हूँ
कि क्या ये मुमकिन है
सच ये हो
कि सफ़र में हम हैं

---

[1] दिशा, [2] पंक्ति दर पंक्ति, [3] ठहरा हुआ, [4] भविष्य, [5] भूतकाल

Sometimes I think
When I see trees from a moving train
It seems
They are going in the opposite way
But in reality
The trees are standing still
So can it be
That all our centuries
Row upon row, are standing still?
Can it be that time is fixed
And we alone are in motion?
Can it be that in this one moment
All moments
All centuries are hidden?
No future
No past
What has gone by
Is happening now
What will come about
Is happening now
I wonder—
Is it possible
That the truth is
That we are in motion?

गुज़रते हम हैं
जिसे समझते हैं हम
गुज़रता है
वो थमा है
गुज़रता है या थमा हुआ है
इकाई है या बँटा हुआ है
है मुंजमिद[1]
या पिघल रहा है
किसे ख़बर है
किसे पता है
ये वक़्त क्या है

ये क़ाएनाते-अज़ीम[2]
लगता है
अपनी अज़मत[3] से
आज भी मुतमइन[4] नहीं है
कि लम्हा-लम्हा
वसीइतर[5] और वसीइतर होती जा रही है
ये अपनी बाँहें पसारती है
ये कहकशाँओं[6] की उँगलियों से
नये ख़लाओं[7] को छू रही है
अगर ये सच है
तो हर तसव्वुर[8] की हद से बाहर

---

[1] जमा हुआ, [2] विशाल ब्रह्मांड, [3] महानता, [4] संतुष्ट, [5] विशाल, [6] आकाशगंगाओं, [7] अंतरिक्षों, [8] कल्पना

We pass by
And what we imagine
Is moving
Is really motionless
Moving, not moving?
Whole or divided?
Is it frozen
Or is it melting?
Who knows?
Who can guess?
What is time?

This glorious universe
It seems
Even today is not content
With all its glory
At every moment
It becomes wider and more vast
It stretches out its arms
And with its fingers like galaxies
Touches other parts of space
If this is true,
Then beyond the limits of every imagination

मगर कहीं पर
यक़ीनन[1] ऐसा कोई ख़ला है
कि जिसको
इन कहकशाँओं की उँगलियों ने
अब तक छुआ नहीं है
ख़ला
जहाँ कुछ हुआ नहीं है
ख़ला
कि जिसने किसी से भी 'कुन'[2] सुना नहीं है
जहाँ अभी तक ख़ुदा नहीं है
वहाँ
कोई वक़्त भी न होगा
ये क़ाएनाते-अज़ीम
इक दिन
छुएगी
उस अनछुए ख़ला को
और अपने सारे वुजूद[3] से
जब पुकारेगी
'कुन'
तो वक़्त को भी जनम मिलेगा
अगर जनम है तो मौत भी है
मैं सोचता हूँ
ये सच नहीं है
कि वक़्त की कोई इब्तिदा[4] है न इन्तहा[5] है

---

[1] निस्संदेह, [2] 'हो जा' माना जाता है कि ईश्वर के इन शब्दों से सृष्टि की रचना हुई थी, [3] अस्तित्व, [4] आदि, [5] अंत

But somewhere
Surely there is some nothingness
That has not yet been touched
By the fingers of these galaxies
That space
Where nothing has happened
That space
Which has never heard the words
'Be'
From anyone
Where God does not yet exist
And in that place
There will be no time
One day
This glorious universe will reach
This untouched part of space
And then with its whole existence
It will cry:
'Be!'
Time will be born there as well
If there is birth, there is death
I think
It is not true
That time has no end and no beginning

ये डोर लंबी बहुत है
लेकिन
कहीं तो इस डोर का सिरा है
अभी ये इनसाँ उलझ रहा है
कि वक़्त के इस क़फ़स[1] में पैदा हुआ
यहीं वो पला-बढ़ा है
मगर उसे इल्म[2] हो गया है
कि वक़्त के इस क़फ़स से बाहर भी
इक फ़िज़ा[3] है
तो सोचता है
वो पूछता है
ये वक़्त क्या है?

---

[1] पिंजरे, [2] ज्ञान, [3] वातावरण

The thread is very long
But
Somewhere the thread will have an end
Now mankind is confused
Because it was born in this cage of time
It was brought up and raised here
But now man has discovered
That outside the cage of time
There lies another part of space
So he thinks
He asks
What is time?

बरवक़्त[1] एक और ख़याल

ख़याल आता है
जैसे बच्चों की आँख बादल में
शेर और हाथी देखती है
बहुत-से लोगों ने
वक़्त में भी
शऊर[2] बीनाई[3] और समाअत[4]
के वस्फ़[5] देखे
बहुत-से लोगों की जुस्तुजू[6] के सफ़र का अंजाम
इस अक़ीदे[7] की छाँव में है
कि वक़्त कहते हैं जिसको
दर अस्ल[8] वो ख़ुदा है

मगर है जिसको तलाश सच की
भटक रहा है
ये इक सवाल
उसके ज़ह्नों-दिल में
खटक रहा है
ये वक़्त क्या है?

---

[1] समय पर, [2] समझ, [3] दृष्टि, [4] सुनना, [5] गुण, [6] तलाश, [7] आस्था, [8] असल में

Another Timely Thought

A thought occurs
Just as children's eyes see
Tigers and elephants in the shape of clouds
Many people have
In time
Perceived the attributes
Of wisdom, vision, hearing
For many people
The culmination of their quest
Is found in the shadow of this faith
That which we call time
Is, in fact, God

But those who seek the truth
Keep wandering
This one question
Rankles their heart and mind
What is time?

दोराहा
अपनी बेटी ज़ोया के नाम

ये जीवन इक राह नहीं
इक दोराहा है

पहला रस्ता
बहुत सहल है
इसमें कोई मोड़ नहीं है
ये रस्ता
इस दुनिया से बेजोड़ नहीं है
इस रस्ते पर मिलते हैं
रीतों के आँगन
इस रस्ते पर मिलते हैं
रिश्तों के बंधन
इस रस्ते पर चलनेवाले
कहने को सब सुख पाते हैं
लेकिन
टुकड़े टुकड़े होकर
सब रिश्तों में बँट जाते हैं
अपने पल्ले कुछ नहीं बचता
बचती है
बेनाम सी उलझन

Crossroads
For my daughter Zoya

Life is not a road
It is a crossroads

The first path is very easy
It has no turn
This path
Is not separate from the world
On this path you find
Courtyards of rules
On this path you find
Bonds of relationships
But those who tread this path
Find pleasures only for name's sake
But they fall to pieces
And are divided amongst all those ties
Nothing is left for them
All that stays
Is an unnamed confusion

बचता है
साँसों का ईंधन
जिसमें उनकी अपनी हर पहचान
और उनके सारे सपने
जल बुझते हैं
इस रस्ते पर चलनेवाले
ख़ुद को खोकर जग पाते हैं
ऊपर-ऊपर तो जीते हैं
अंदर-अंदर मर जाते हैं

दूसरा रस्ता
बहुत कठिन है
इस रस्ते में
कोई किसी के साथ नहीं है
कोई सहारा देनेवाला हाथ नहीं है
इस रस्ते में धूप है
कोई छाँव नहीं है
जहाँ तसल्ली भीख में देदे कोई किसी को
इस रस्ते में
ऐसा कोई गाँव नहीं है
ये उन लोगों का रस्ता है
जो ख़ुद अपने तक जाते हैं
अपने आपको जो पाते हैं
तुम इस रस्ते पर ही चलना

All that stays
Is the fire of the breath
In which their sense of self
And all their dreams burn out
Those who take this path
Lose themselves to please the world
They live on the surface
Inside they die

The second path
Is difficult
Here
No one is with you
No one lends a helping hand
On this path
There is the scorching sun
There is no shade
To give consolation even as charity
Here
There is no such village
This is the path of those
Who travel towards themselves
Who discover their own true self
You take this path

मुझे पता है
ये रस्ता आसान नहीं है
लेकिन मुझको ये ग़म भी है
तुमको अब तक
क्यूँ अपनी पहचान नहीं है

I know
This path is not easy
But one thing saddens me
So far
You have not found yourself

शबाना

ये आए दिन के हंगामे
ये जब देखो सफ़र करना
यहाँ जाना—वहाँ जाना
इसे मिलना उसे मिलना
हमारे सारे लम्हे
ऐसे लगते हैं
कि जैसे ट्रेन के चलने से पहले
रेलवे स्टेशनों पर
जल्दी-जल्दी अपने डब्बे ढूँढते
कोई मुसाफ़िर हों
जिन्हें कब सांस भी लेने की मुहूलत है
कभी लगता है
तुमको मुझसे मुझको तुमसे मिलने का
ख़याल आए
कहाँ इतनी भी फ़ुर्सत है

मगर जब संगदिल दुनिया मेरा दिल तोड़ती है तो
कोई उम्मीद चलते चलते
जब मुँह मोड़ती है तो
कभी कोई ख़ुशी का फूल
जब इस दिल में खिलता है

Shabana

These daily disturbances
These constant journeys
Rushing here and there
Meeting this person and that one
All our moments
Seem as if
We are travellers
At a railway station
Hurriedly searching for our carriages
Before the train departs
Who don't even have the time to breathe
Sometimes it appears as if
We don't even have the leisure
For it to occur to one
To meet the other

And yet when this unfeeling world breaks my heart
Whenever approaching hope
Suddenly turns away from me
Whenever a flower of happiness
Blooms in my heart

कभी जब मुझको अपने ज़ह्न[1] से
कोई ख़याल इनआम मिलता है
कभी जब इक तमन्ना पूरी होने से
ये दिल ख़ाली-सा होता है
कभी जब दर्द आके पलकों पे मोती पिरोता है
तो ये एहसास होता है
ख़ुशी हो ग़म हो हैरत हो
कोई जज़्बा[2] हो
इसमें जब कहीं इक मोड़ आए तो
वहाँ पलभर को
सारी दुनिया पीछे छूट जाती है
वहाँ पलभर को
इस कठपुतली जैसी ज़िंदगी की
डोरी-डोरी टूट जाती है
मुझे उस मोड़ पर
बस इक तुम्हारी ही ज़रूरत है
मगर ये ज़िंदगी की ख़ूबसूरत इक हक़ीक़त है
कि मेरी राह में जब ऐसा कोई मोड़ आया है
तो हर उस मोड़ पर मैंने
तुम्हें हमराह[3] पाया है

---

[1] बुद्धि, [2] भावना, [3] साथ-साथ

Whenever my mind
Gifts me a thought
Whenever my heart feels empty
In the wake of a fulfilled desire
Whenever pain threads
Pearls of tears on my eyelashes
It's then that I realize
That when happiness, sorrow or surprise
When any emotion
Turns a corner
There, for a moment
The whole world gets left behind
There, for a moment
The strings of this puppet-like life
Get snapped
At this bend
All I need is you
But this is one of life's beautiful truths
That whenever such a bend has come in my path
There, on every such turn
I have found you walking alongside me

मेरी दुआ है

ख़ला[1] के गहरे समंदरों में
अगर कहीं कोई जज़ीरा[2]
जहाँ कोई साँस ले रहा है
जहाँ कोई दिल धड़क रहा है
जहाँ ज़हानत[3] ने इल्म[4] का जाम पी लिया है
जहाँ के वासी
ख़ला के गहरे समंदरों में
उतारने को हैं अपने बेड़े
तलाश करने कोई जज़ीरा
जहाँ कोई साँस ले रहा है
जहाँ कोई दिल धड़क रहा है

मेरी दुआ है
कि उस जज़ीरे में रहनेवालों के जिस्म का रंग
इस जज़ीरे के रहनेवालों के जिस्म के जितने रंग हैं
उनसे मुख़्तलिफ़[5] हो
बदन की हैअत[6] भी मुख़्तलिफ़
और शक्लोसूरत भी मुख़्तलिफ़ हो

---

[1] अंतरिक्ष, [2] द्वीप, [3] बुद्धिमत्ता, [4] ज्ञान, [5] भिन्न, [6] रूप

My Prayer

In the deep oceans of space
If somewhere there is an island
Where someone is breathing
Where some heart is beating
Where intelligence has drunk
From the cup of knowledge
Those who dwell there
Will come across the deep oceans of space
And mooring their ships
Discover some other island
Where someone is breathing
Where some heart is beating

It is my prayer
That the colour of the bodies
Of those who dwell on that island
Should be different from the colours of the bodies
Of the inhabitants of this island
The shape of their bodies should be different from ours
Their form and looks should be different from ours

मेरी दुआ है
अगर है उनका भी कोई मज़हब
तो इस जज़ीरे के मज़हबों से वो मुख़्तलिफ़ हो
मेरी दुआ है
कि इस जज़ीरे की सब ज़बानों से मुख़्तलिफ़ हो
ज़बान उनकी

मेरी दुआ है
ख़ला के गहरे समंदरों से गुज़र के
इक दिन
उस अजनबी नस्ल के जहाज़ी
ख़लाई[1] बेड़े में
इस जज़ीरे तक आएँ
हम उनके मेज़बाँ[2] हों
हम उनको हैरत से देखते हों
वो पास आकर
हमें इशारों से ये बतायें
कि उनसे हम इतने मुख़्तलिफ़ हैं
कि उनको लगता है
इस जज़ीरे के रहनेवाले
सब एक से हैं

मेरी दुआ है
कि इस ज़जीरे के रहनेवाले
उस अजनबी नस्ल के कहे का यक़ीन कर लें

---

[1] अंतरिक्ष के जहाज़ों, [2] मेहमान का सत्कार करनेवाले

It is my prayer
That if they too have a religion
It should be different
From all the religions of this island
It is my prayer
That their language should be different
From all the tongues of this island

It is my prayer
That having crossed the deep oceans of space
One day
The mariners of that strange race
In their fleet of space ships
Should come to this island
And we shall be their hosts
And look at them in amazement
They will come to us
And tell us in signs
That we look so different from them
But it seems to them
That the dwellers of our island
All look the same

It is my prayer
That the dwellers of this island
Will believe what the strange race tells them

खुदा हाफ़िज़

मुझे वो धुंध में लिपटी हुई
मासूम सदियाँ याद आती हैं
कि जब तुम हर जगह थे
हर तरफ़ थे
हर कहीं थे तुम
रिहाइश[1] थी तुम्हारी आस्मानों में
ज़मीं के भी मकीं[2] थे तुम
तुम्हीं थे चाँद और सूरज के मुल्कों में
तुम्हीं तारों की नगरी में
हवाओं में
फ़िज़ाओं[3] में
दिशाओं में
सुलगती धूप में तुम थे
तुम्हीं थे ठंडी छाँवों में
तुम्हीं खेतों में उगते थे
तुम्हीं पेड़ों पे फलते थे
तुम्हीं बारिश की बूँदों में
तुम्हीं सारी घटाओं में

---
[1] निवास [2] निवासी [3] वातावरण

Adieu

I recall those fog-wrapped
Innocent centuries
When you were in every place
All around
Everywhere
Your abode was the lofty skies
You resided on the earth as well
In the country of the moon and sun
In the city of the stars
In the wind
In the vistas
In all directions
In the searing heat of the sun
And in the cool of shadows
You were what grew in the fields
You were the fruit on the trees
You were the rain
You were the clouds

हर इक सागर से आगे तुम थे
हर पर्बत के ऊपर तुम
वबाओं[1] में
हर इक सैलाब में
सब ज़लज़लों में
हादसों में भी
रहा करते थे छिप कर तुम
हर इक आँधी में
तूफ़ाँ में
समुंदर में
बयाबाँ[2] में
हर इक मौसम हर इक रुत में
तुम्हीं हर इक सितम में थे
तुम्हीं हर इक करम[3] में थे
सभी पाकीज़ा[4] नदियो में
मुक़द्दस[5] आग में तुम थे
दरिंदों और चरिंदों
बिच्छुओं में नाग में तुम थे
सभी के डंक में तुम थे
सभी के ज़हर में तुम थे
जो इंसानों पे आते हैं
हर ऐसे क़हर[6] में तुम थे
मगर सदियों के तन से लिपटी
धुंध अब छट रही है
अब कहीं कुछ रौशनी-सी हो रही है
और कहीं कुछ तीरगी[7] सी घट रही है

---

[1] महामारी, [2] वीराना, [3] दया, [4] निर्मल, [5] पवित्र [6] प्रकोप, [7] अंधकार

You were beyond every sea
You were on each mountain peak
In plagues and pestilence
In all floods
All earthquakes
In all hazards too
You would lie hidden
In each tempest
Storm
Ocean
Wilderness
In every climate, every season
You were in every tyranny
Every generosity
In all the pure rivers
In all the sacred fires
In beasts and creatures
In scorpions and cobras
In their stings and bites
In their poison
You were in every calamity
That afflicted humankind
But the fog wrapped around the bodies of centuries
Is dissipating
A light is dawning in certain places
And darkness receding in others

ये उजाले साफ़ कहते हैं
न अब तुम हो वबाओं में
न अब तुम हो घटाओं में
न बिच्छू में न तो अब नाग में तुम हो
न आँधी और तूफ़ाँ
और न तो पाकीज़ा नदियों
और मुक़द्दस आग में तुम हो

अदब[1] है शर्त
बस इतना कहूँगा
तुमने शायद मुझ पे है ये मेहरबानी की
मैं अपने इल्म की मश्अल[2] लिए
पहुँचा जहाँ हूँ
मैंने देखा
तुमने है नक़्ले-मकानी[3] की
मगर अब भी ख़ला[4] की वुस्अतो[5] में
तुम ही रहते हो
जिसे कहते हैं क़िस्मत
अस्ल में
हालात का बिफरा समुंदर है
मगर अब तक यक़ीने-आम है
बनके समुंदर
तुम ही बहते हो

मुझे ये मानना होगा
वहाँ तुम हो

---

[1] आदर, [2] मशाल, [3] स्थानांतरण, [4] अंतरिक्ष, [5] विस्तार

This radiance clearly reveals
That you are no longer in the plagues
No longer in the clouds
Not in the scorpions, not in the cobras
Neither in the tempest nor in the storm
Neither in the pure rivers
Nor in the sacred fires

With all due respect
What I will say is this:
You have perhaps done this as a favour to me
But whenever I have reached a place
Guided by the torch of my knowledge
I have noticed
That you have moved away from there
You still inhabit the vastness of space
That which is called Fate
In truth is
Nothing more than the churning sea of circumstance
Yet the common belief is that
You are the one that flows
In the guise of the sea

I will have to admit that
You are still there

जहाँ ये राज़ है पिन्हाँ[1]
कि ऐसी कायनाते-बेकराँ[2] की इब्तेदा[3]
और इन्तहा[4] क्या है
वहाँ तुम हो
जहाँ ये आगही[5] है
मौत के इस पर्दे के पीछे छिपा क्या है
अभी कुछ दिन वहाँ रह लो
मगर इतना बता दूँ मैं
उधर मैं आनेवाला हूँ

---

[1] छिपा हुआ, [2] असीम ब्रह्मांड, [3] प्रारम्भ, [4] अंत [5] चेतना

Where the secret about the beginning and end
Of this infinite universe
Is hidden
You are still there
In the question
What lies behind the curtain of death
Be there for a while
But let me tell you:
I am coming there one day

हिज्र[1]

कोई शेर कहूँ
या दुनिया के किसी मौज़ूं[2] पर
मैं कोई नया मज़मून[3] पढ़ूँ
या कोई अनोखी बात सुनूँ
कोई बात
जो हँसनेवाली हो
कोई फ़िक़रा[4]
जो दिलचस्प लगे
या कोई ख़याल अछूता सा
या कहीं मिले
कोई मंज़र
जो हैराँ कर दे
कोई लम्हा
जो दिल को छू जाए
मैं अपने ज़हन के गोशों[5] में
इन सबको सँभाल के रखता हूँ
और सोचता हूँ
जब मिलोगे
तुमको सुनाऊँगा

---

[1] विरह, [2] विषय, [3] लेख, [4] जुमला, वाक्य, [5] कोनों

Being Apart

If I compose a verse
Or read something new
A subject that concerns the world
If I hear something uncommon
Something
That might make you laugh
A sentence
Which seems interesting
Or some original idea
If I am greeted by a sight
Which is stunning
Some moment
Which touches my heart—
I store all these things
In the recesses of my mind
And think
That when we meet
I shall share them all with you

मुअम्मा[1]

हम दोनों जो हर्फ़[2] थे
हम इक रोज़ मिले
इक लफ़्ज़[3] बना
और हमने इक माने[4] पाए
फिर जाने क्या हम पर गुज़री
और अब यूँ है
तुम इक हर्फ़ हो
इक ख़ाने में
मैं इक हर्फ़ हूँ
इक ख़ाने में
बीच में
कितने लम्हों के ख़ाने ख़ाली हैं
फिर से कोई लफ़्ज़ बने
और हम दोनों इक माने पाएँ
ऐसा हो सकता है
लेकिन
सोचना होगा
इन ख़ाली ख़ानों में हमको भरना क्या है

---

[1] पहेली, [2] अक्षर, [3] शब्द, [4] अर्थ

Riddle

The two of us were once just letters
We met one day
And a word was formed
We found a meaning,
Then something happened
And now
You are a letter
In one square;
I am a letter
In another square
In between
How many squares of moments lie empty!
Another word can be formed
And we can find a meaning
It can be so
But
We have to think
How to fill those empty squares

बंजारा

मैं बंजारा
वक़्त के कितने शहरों से गुज़रा हूँ
लेकिन
वक़्त के इस इक शहर से जाते-जाते
मुड़ के देख रहा हूँ
सोच रहा हूँ
तुमसे मेरा ये नाता भी टूट रहा है
तुमने मुझको छोड़ा था जिस शहर में आके
वक़्त का अब वो शहर भी मुझसे छूट रहा है

मुझको बिदा करने आए हैं
इस नगरी के सारे बासी
वो सारे दिन
जिनके कंधे पर सोती है
अब भी तुम्हारी ज़ुल्फ़ की ख़ुशबू
सारे लम्हे
जिनके माथे पर हैं रौशन
अब भी तुम्हारे लम्स[1] का टीका
नम आँखों से
गुमसुम मुझको देख रहे हैं
मुझको इन के दुख का पता है

---
[1] स्पर्श

Banjara

I, a banjara
Have passed through so many cities of time.
But as I pass through this city of time
I turn, I look and think
That even this bond we shared is breaking;
This city of time, in which you came
Then left me, is also being left behind

All the people of the town have come
To bid farewell to me
All those days
On whose shoulders
The perfume of your tresses
Sleeps even now
All those moments
On whose forehead shines
The mark of your touch even now
With moist eyes
They look at me, numb and lost
I understand their pain

इनको मेरे ग़म की ख़बर है
लेकिन मुझको हुक्मे सफ़र है
जाना होगा
वक़्त के अगले शहर मुझे अब जाना होगा

वक़्त के अगले शहर के सारे बाशिंदे[1]
सब दिन सब रातें
जो तुम से नावाक़िफ़[2] होंगे
वो कब मेरी बात सुनेंगे
मुझसे कहेंगे
जाओ अपनी राह लो राही
हमको कितने काम पड़े हैं
जो बीती सो बीत गयी
अब वो बातें क्यूँ दोहराते हो
कंधे पर ये झोली रक्खे
क्यूँ फिरते हो क्या पाते हो
मैं बेचारा
इक बंजारा
आवारा फिरते-फिरते जब थक जाऊँगा
तनहाई के टीले पर जाकर बैठूँगा
फिर जैसे पहचान के मुझको
इक बंजारा जान के मुझको
वक़्त के अगले शहर के
सारे नन्हे-मुन्ने भोले लम्हे

---

[1] निवासी, [2] अपरिचित

They know my grief
But I am deemed to travel on
I must depart
And go on
To the next city of time

All those days and all those nights
That dwell in the next city of time
Who do not know you
Will never listen to my words
They will say to me:
'Go, traveller! Be on your way!
See how busy we are
What has passed has passed
Why do you repeat yourself?
With your bag on your shoulder
Why do you roam? What do you gain?'
I, a wretched fellow
A banjara
Wander aimlessly; and when I tire
I shall go and sit on a mound of loneliness.
Then, as if they recognize me
Knowing that I am a banjara
From the next city of time
All the tiny, simple moments

नंगे पाँव
दौड़े-दौड़े भागे-भागे आ जाएँगे
मुझको घेर के बैठेंगे
और मुझ से कहेंगे
क्यों बंजारे
तुम तो वक़्त के कितने शहरों से गुज़रे हो
उन शहरों की कोई कहानी हमें सुनाओ
उनसे कहूँगा
नन्हे लम्हो!
एक थी रानी...
सुन के कहानी
सारे नन्हे लम्हे
ग़मगीं[1] होकर मुझसे ये पूछेंगे
तुम क्यों उनके शहर न आयीं
लेकिन उनको बहला लूँगा
उनसे कहूँगा ये मत पूछो
आँखें मूँदो
और ये सोचो
तुम होतीं तो कैसा होता
तुम ये कहतीं
तुम वो कहतीं
तुम इस बात पे हैराँ होतीं
तुम उस बात पे कितनी हँसतीं
तुम होतीं तो ऐसा होता
तुम होतीं तो वैसा होता

---

[1] दुखी

Will come
Barefoot, hurrying and scurrying
And sit around me
And say:
'Tell us, banjara
How many cities of time have you passed through?
Tell us the stories of those cities.'
And I shall say:
'Little moments!
Once upon a time there was a queen...'
And after the story
All these little moments
Will be sad and ask me
Why did you not come to their city?
But I shall console them
And tell them: 'Do not ask
Close your eyes
And think'
If you were here, what might have been?
You would have said this
You would have said that
You would have been amazed by this.
How you would have laughed at that!
If you were here, this might have been
If you were here, that might have been

धीरे-धीरे
मेरे सारे नन्हे लम्हे
सो जाएँगे
और मैं
फिर हौले से उठकर
अपनी यादों की झोली कंधे पर रखकर
फिर चल दूँगा
वक़्त के अगले शहर की जानिब[1]
नन्हे लम्हों को समझाने
भोले लम्हों को बहलाने
यही कहानी फिर दोहराने
तुम होतीं तो ऐसा होता
तुम होतीं तो वैसा होता

---
[1] तरफ़

Softly, gently
All my little moments
Will fall asleep
And I
Slowly getting up once more
Putting my bag of memories upon my shoulder
Will take the road again
And head towards the next city of time
To explain to my tiny moments
To console my innocent moments
To tell my story once again
If you were here, this might have been
If you were here, that might have been

मोनताज

नींद के बादलों के पीछे है
मुस्कुराता हुआ कोई चेहरा
चेहरे पे बिखरी एक रेशमी लट
सरसराता हुआ कोई आँचल
और दो आँखें हैराँ-हैराँ-सी

इक मुलाक़ात
इक हसीं लम्हा
झील का ठहरा-ठहरा-सा पानी
पेड़ पर चहचहाती इक चिड़िया
घास पर खिलते नन्हे-नन्हे फूल
ख़ूबसूरत लबों पे नर्म-सी बात

दोपहर एक पीली-पीली सी
बर्फ़-सी ठंडक एक लहजे में
टूटा आईना
उड़ते कुछ काग़ज़
मुनहदिम[1] पुल
अधूरी एक सड़क

---

[1] ध्वस्त

Montage

Behind the clouds of sleep lie
A smiling face
A silky tress spread across the face
A rustling garment
And a pair of perplexed eyes

A rendezvous
A beautiful moment
The still water of a lake
A bird chirping on a tree
Tiny buds blossoming on the grass
Soft words on beautiful lips

A yellowed, jaundiced afternoon
Icy coldness in someone's tone
A shattered mirror
Pieces of paper blowing in the breeze
A destroyed bridge
An unfinished road

किरचों-किरचों बिखरता इक मंज़र
पलकों पर झिलमिलाता एक आँसू
गहरा सन्नाटा शोर करता हुआ
नींद के बादलों के पीछे है

A disintegrating, fragmenting scene
A tear sparkling on an eyelash
A clamouring deep silence
Lie behind the clouds of sleep

आसार-ए-क़दीमा[1]

एक पत्थर की अधूरी मूरत
चन्द ताँबे के पुराने सिक्के
काली चाँदी के अजब से ज़ेवर
और कई काँसे के टूटे बरतन
एक सहरा में मिले
ज़ेरे-ज़मीं[2]
लोक कहते हैं कि सदियों पहले
आज सहरा है जहाँ
वहीं इक शहर हुआ करता था
और मुझको ये ख़याल आता है
किसी तक़रीब[3]
किसी महफ़िल में
सामना तुझसे मिरा आज भी हो जाता है
एक लम्हे को
बस इक पल के लिए
जिस्म की आँच
उचटती-सी नज़र
सुर्ख़ बिंदिया की दमक
सरसराहट तिरे मलबूस[4] की
बालों की महक

---

[1] भग्नावशेष, [2] ज़मीन के नीचे, [3] समारोह, [4] लिबास

Remains of the Past

A half-preserved stone statue
A few old copper coins
Mysterious jewels of blackened silver
Some broken plates of brass
Were found in a desert
Under the ground
People say that centuries ago
Where the desert stands today
There used to be a city
And I imagine
That on some festive occasion
In some assembly
I come face to face with you even today
For a moment
Just for a second
The fire of your body
A fleeting glance
The rustling of your clothes
The perfume of your hair

बेख़याली में कभी
लम्स[1] का नन्हा-सा फूल
और फिर दूर तक वही सहरा
वही सहरा कि जहाँ
कभी इक शहर हुआ करता था

---
[1] स्पर्श

Sometimes in carelessness
The delicate flower of your touch
And once more that rolling desert
That desert where
Once upon a time
A city stood

आओ, और न सोचो

आओ
और न सोचो
सोच के क्या पाओगे
जितना भी समझे हो
उतना पछताए हो
जितना भी समझोगे
उतना पछताओगे
आओ
और न सोचो
सोच के क्या पाओगे

तुम एहसास की जिस मंज़िल पर अब पहुँचे हो
वो मेरी देखी-भाली है
जाने भी दो
इसका कब तक सोग मनाना
ये दुनिया
अंदर से इतनी क्यूँ काली है
आओ
कुछ अब जीने का सामान करें हम
सच के हाथों
हमने जो मुश्किल पाई है
झूठ के हाथों

Come Now and Do Not Think

Come now
And do not think
What will you gain by thinking?
All that you have understood
You have regretted
All that you will understand
You will regret
Come now
And do not think
What will you gain from thinking?

The level of feeling you have now attained
This is in my care
Forget that as well
How long will you grieve for it?
Why is this world
So vile on the inside?
Come now
Let us find some way to live
The problems given to us by truth
Let us make them easier
With lies

वो मुश्किल आसान करें हम
तुम मेरी आँखों में आँखे डालके देखो
फिर मैं तुमसे
सारी झूठी क़समें खाऊँ
फिर तुम वो सारी झूठी बातें दोहराओ
जो सबको अच्छी लगती हैं
जैसे
वफ़ा करने की बातें
जीने की मरने की बातें
हम दोनों
यूँ वक़्त गुज़ारें
मैं तुमको कुछ ख़्वाब दिखाऊँ
तुम मुझको कुछ ख़्वाब दिखाओ
जिनकी
कोई ताबीर[1] नहीं हो
जितने दिन ये मेल रहेगा
देखो अच्छा खेल रहेगा
और
कभी दिल भर जाए तो
कह देना तुम
बीत गया मिलने का मौसम

आओ
और न सोचो
सोच के क्या पाओगे

---
[1] सपने का अर्थ

Look at me
Look into my eyes
Then I shall swear to you all my false oaths
And you will repeat all those false words
Which everybody loves
Like
Protestations that we would
Live and die together
Let us, you and I together
Spend our time in this way
I'll show you some dreams
Then you can show me some dreams
Which
Have no meaning
And as long as we meet
Oh, the game will be sweet!
And when you become disenchanted
Tell me:
'The time of our meeting is over'

Come now
And do not think
What will you gain by thinking?

बेघर

शाम होने को है
लाल सूरज समंदर में खोने को है
और उसके परे
कुछ परिन्दे
क़तारें बनाए
उन्हीं जंगलों को चले
जिनके पेड़ों की शाखों पे हैं घोंसले
ये परिन्दे
वहीं लौटकर जाएँगे
और सो जाएँगे
हम ही हैरान हैं
इस मकानों के जंगल में
अपना कहीं भी ठिकाना नहीं
शाम होने को है
हम कहाँ जाएँगे

Homeless

The evening draws in
The red sun begins to hide in the sea
And over there
Some birds
Forming a line
Fly off to those forests
To those trees, where they have made their nests
Those birds
Will return to their place
And go to sleep
Only I am left wondering
That in this forest of houses
I have no place at all
The evening draws in
Where shall I go?

कच्ची बस्ती

गलियाँ
और गलियों में गलियाँ
छोटे घर
नीचे दरवाज़े
टाट के पर्दे
मैली बदरंगी दीवारें
दीवारों से सर टकराती
कोई गाली
गलियों के सीने पर बहती
गंदी नाली
गलियों के माथे पर बहता
आवाज़ों का गंदा नाला

आवाज़ों की भीड़ बहुत है
इंसानों की भीड़ बहुत है
कड़वे और कसीले चेहरे
बदहाली के ज़हर से हैं ज़हरीले चेहरे
बीमारी से पीले चेहरे

The Slum

Lanes
And lanes within lanes
Tiny homes
Low entrances
Tarpaulin curtains
Dirty, discoloured walls
And banging its heads against those walls
An abuse
A filthy sewer
Flowing upon the chest of the lanes
A dirty gutter of sounds
Coursing along the forehead of the lanes

A place teeming with sounds
Overcrowded with people
Bitter, pungent faces
Venomous faces, steeped in the poison of
Wretchedness
Faces yellowed with disease

मरते चेहरे
हारे चेहरे
बेबस और बेचारे चेहरे
सारे चेहरे

एक पहाड़ी कचरे की
और उस पर फिरते
आवारा कुत्तों से बच्चे
अपना बचपन ढूँढ रहे हैं

दिन ढलता है
इस बस्ती में रहनेवाले
औरों की जन्नत को अपनी मेहनत देकर
अपने जहन्नम[1] की जानिब[2]
अब थके हुए
झुंझलाए हुए-से
लौट रहे हैं
एक गली में
ज़ंग लगे पीपे रक्खे हैं
कच्ची दारू महक रही है

आज सवेरे से
बस्ती में
क़त्लों-ख़ूँ[3] का
चाक़ूज़नी[4] का
कोई क़िस्सा नहीं हुआ है

---

[1] नरक, [2] तरफ़, [3] रक्तपात, [4] चाकू घोंपना

Dying faces
Defeated faces
Helpless and forlorn faces
All these faces

A mountain of rubbish
Upon which wander
Children, like stray dogs,
Searching for their childhood

The day fades
The inhabitants of this settlement
Having given up their labour at someone else's
Paradise
Now exhausted
And aggravated
Are returning to their own hell—
In one lane
Rusted drums lie around
The air is heavy with the smell of raw liquour

Since daybreak, there has been
No incident in the settlement
Of murder or blood-letting
Of knifing

ख़ैर
अभी तो शाम है
पूरी रात पड़ी है

यूँ लगता है
सारी बस्ती
जैसे इक दुखता फोड़ा है
यूँ लगता है
सारी बस्ती
जैसे है इक जलता कढ़ाव
यूँ लगता है
जैसे ख़ुदा नुक्कड़ पर बैठा
टूटे-फूटे इंसाँ
औने-पौने दामों
बेच रहा है

Anyway
It's only evening
There's a full night ahead

It is as if
The entire settlement
Is a throbbing ulcer
It is as if
The entire settlement
Is a burning cauldron
It is as if
God, sitting at a street corner
Is peddling
Broken, shattered human beings
For a pittance

भूख

आँख खुल गयी मेरी
हो गया मैं फिर ज़िन्दा
पेट के अँधेरों से
ज़हन[1] के धुँधलकों तक
एक साँप के जैसा
रेंगता ख़याल आया
आज तीसरा दिन है
आज तीसरा दिन है

इक अजीब ख़ामोशी
मुंजमिंद[2] है कमरे में
एक फ़र्श और इक छत
और चारदीवारें
मुझसे बेतआल्लुक़[3] सब
सब मिरे तमाशाई
सामने की खिड़की से
तेज़ धूप की किरणें
आ रही हैं बिस्तर पर
चुभ रही हैं चेहरे में
इस क़दर नुकीली हैं
जैसे रिश्तेदारों के
तंज़[4] मेरी ग़ुरबत[5] पर

---

[1] मस्तिष्क, [2] जमी हुई, [3] जिसका कोई वास्ता न हो, [4] व्यंग, [5] गरीबी

Hunger

My eyes, they opened with the dawn
And once again I was alive
From the darkness of the stomach
To the haze, which clouds the brain
A thought came creeping
Like a snake:
It is the third day today!
It is the third day today!

Silence gathers in the room
Strangely frozen, not a sound
Just one ceiling, just one floor
Just four walls that crowd around
All seems to be detached from me
All spectators looking on
Through the window opposite
The harsh rays of the morning sun
Flood and fall onto my bed
Sting my face with pointed barbs
Sharp as the taunts of my relatives
Hurled against my poverty

आँख खुल गयी मेरी
आज खोखला हूँ मैं
सिर्फ़ ख़ोल बाक़ी है
आज मेरे बिस्तर में
लेटा है मेरा ढाँचा
अपनी मुर्दा आँखों से
देखता है कमरे को
आज तीसरा दिन है
आज तीसरा दिन है

दोपहर की गर्मी में
बेइरादा क़दमों से
इक सड़क पे चलता हूँ
तंग-सी सड़क पर हैं
दोनों सम्त[1] दूकानें
ख़ाली ख़ाली आँखों से
हर दूकान का तख़्ता
सिर्फ़ देख सकता हूँ
अब पढ़ा नहीं जाता
लोग आते जाते हैं
पास से गुज़रते हैं
फिर भी कितने धुँधले हैं
सब हैं जैसे बेचेहरा
शोर इन दुकानों का

---
[1] ओर

My eyes are open, but today
I am exhausted
Almost dead
A shell of all I was
Lying empty
On my bed
My frame reposes
With dead eyes
I search and look
About my room
It is the third day today!
It is the third day today!

In the midday heat I walk
With aimless steps
Along a street
Along a narrow kind of street
On both sides shops stand in a line
The only things that I can see
Are boards displayed on every shop
And now I cannot even read them
People come and people go
Passing by
But how vague they seem
As if they have no faces at all
The noisy shops

राह चलती इक गाली
रेडियो की आवाज़ें
दूर की सदाएँ हैं
आ रही हैं मीलों से
जो भी सुन रहा हूँ मैं
जो भी देखता हूँ मैं
ख़्वाब जैसा लगता है
है भी और नहीं भी है
दोपहर की गर्मी में
बेइरादा क़दमों से
इक सड़क पे चलता हूँ
सामने के नुक्कड़ पर
नल दिखायी देता है
सख़्त क्यों है ये पानी
क्यों गले में फँसता है
मेरे पेट में जैसे
घूँसा एक लगता है
आ रहा है चक्कर-सा
जिस्म पर पसीना है
अब सकत नहीं बाक़ी
आज तीसरा दिन है
आज तीसरा दिन है

हर तरफ़ अँधेरा है
घाट पर अकेला हूँ
सीढ़ियाँ हैं पत्थर की

The rough, coarse words
The jarring sound of radios
Are echoes coming from afar
Flooding in from miles around
All I hear
And all I see
Greets me like some distant dream
It is, and yet does not exist
And in the midday heat I walk
With aimless steps
Along a street
Then at the corner opposite
I see a pipe, I see a tap
But why then is the water hard?
Why does it stick in my throat?
It seems as if a blow is thrust
In my belly
I am dizzy
And sweat drenches my body
I have no strength left
It is the third day today!
It is the third day today!

All around the darkness swells
I am alone upon a quay
Before me there are steps of stone

सीढ़ियों पे लेटा हूँ
अब मैं उठ नहीं सकता
आसमाँ को तकता हूँ
आसमाँ की थाली में
चाँद एक रोटी है
झुक रही हैं अब पलकें
डूबता है ये मंज़र[1]
है ज़मीन गर्दिश[2] में

मेरे घर में चूल्हा था
रोज़ खाना पकता था
रोटियाँ सुनहरी हैं
गर्म-गर्म ये खाना
खुल नहीं रहीं आँखें
क्या मैं मरने वाला हूँ
माँ अजीब थी मेरी
रोज़ अपने हाथों से
मुझको वो खिलाती थी
कौन सर्द[3] हाथों से
छू रहा है चेहरे को
इक निवाला[4] हाथी का
इक निवाला घोड़े का
इक निवाला भालू का
मौत है कि बेहोशी

---
[1] दृष्य, [2] चक्कर, [3] ठंडे, [4] कौर

And I lie down upon the steps
Unable now to raise myself
I gaze up to the sky above
Served up upon the sky's vast dish
The moon is shaped like a roti
And now my heavy eyelids droop
The landscape sinks
The earth spins

Once in my house there was a stove
And food was cooked there every day
Rotis are like shining gold
And food is piping hot
I can't keep my eyes open
Am I dying?
What to say of my mother
She fed me with her own hands every day
Whose cold hands are these
On my face?
'One bite for the elephant
One bite for the horse
One bite for the bear'
Is this death?

जो भी है ग़नीमत है
मौत है कि बेहोशी
जो भी है ग़नीमत है
आज तीसरा दिन था
आज तीसरा दिन था

Or stupor?
Whatever, it is just as well
It was the third day today!
It was the third day today!

सुबह की गोरी

रात की काली चादर ओढ़े
मुँह को लपेटे
सोई है कब से
रूठ के सबसे
सुबह की गोरी
आँख न खोले
मुँह से न बोले
जब से किसी ने
कर ली है सूरज की चोरी

आओ
चल के सूरज ढूँढे
और न मिले तो
किरण किरण फिर जमा करें हम
और इक सूरज नया बनाएँ
सोई है कब से
रूठ के सबसे
सुबह की गोरी
उसे जगाएँ
उसे मनाएँ

Morning Maiden

Wrapping herself in night's black mantle
Hiding her face
The morning maiden
Fast asleep
She will not peep
From under her shawl
Or say a word
She's vexed with all
Since someone stole
The sun away

Come
Let's find the sun
And if we can't
Let's gather ray by ray
And make a new sun
For long
She sulks and sleeps
Let us wake her
Let us cajole her

मदर टेरेसा

ए माँ टेरेसा
मुझको तेरी अज़मत[1] से इनकार नहीं है
जाने कितने
सूखे लब और वीराँ आँखें
जाने कितने
थके बदन और ज़ख़्मी रूहें
कूड़ाघर में रोटी का इक टुकड़ा ढूँढते नंगे बच्चे
फुटपाथों पर गलते सड़ते बुड्ढे कोढ़ी
जाने कितने
बेघर बेदर[2] बेकस[3] इनसाँ
जाने कितने
टूटे कुचले बेबस इनसाँ
तेरी छाँवों में
जीने की हिम्मत पाते हैं
इनको अपने होने की जो सज़ा मिली है
उस होने की सज़ा से
थोड़ी सी ही सही
मोहलत[4] पाते हैं
तेरा लम्स[5] मसीहा है
और तेरा करम है एक समंदर
जिसका कोई पार नहीं है

---

[1] महानता, [2] बिना ठिकाना, [3] असहाय, [4] फ़ुरसत, [5] स्पर्श

Mother Teresa

Mother Teresa,
I cannot deny your greatness
Who can tell how many
Dry lips and vacant eyes
Who knows how many
Exhausted bodies and wounded spirits
Naked children searching for a crust on rubbish heaps
Old lepers, putrefying and rotting on the pavement
Who knows how many
Destitute human beings, homeless, without roots
Broken, trampled, helpless people
In your shadow
Find the strength to live?
The punishment they have received just for being
From that punishment for their existence
They find some respite
However small
The touch of your hand is their Messiah
And your kindness is an ocean
Which knows no bounds

ऐ माँ टेरेसा
मुझको तेरी अज़मत से इनकार नहीं है
मैं ठहरा ख़ुदग़र्ज़
बस इक अपनी ही ख़ातिर जीनेवाला
मैं तुझसे किस मुँह से पूछूँ
तूने कभी ये क्यूँ नहीं पूछा
किसने इन बदहालों को बदहाल किया है
तूने कभी ये क्यूँ नहीं सोचा
कौन-सी ताक़त
इनसानों से जीने का हक़ छीनके
उनको फुटपाथों और कूड़ाघरों तक पहुँचाती है
तूने कभी ये क्यूँ नहीं देखा
वही निज़ामे-ज़र[1]
जिसने इन भूखों से रोटी छीनी है
तिरे कहने पर
भूखों के आगे
कुछ टुकड़े डाल रहा है
तूने कभी ये क्यूँ नहीं चाहा
नंगे बच्चे
बुड्ढे कोढ़ी
बेबस इनसाँ
इस दुनियाँ से
अपने जीने का हक़ माँगें
जीने की ख़ैरात न माँगें
ऐसा क्यूँ है
इक जानिब[2] मज़लूम[3] से तुझको हमदर्दी है

---

[1] अर्थव्यवस्था, [2] तरफ़, [3] ज़ुल्म सहनेवाला

Mother Teresa,
I cannot deny your greatness
But I am selfish
All I do is live for myself
So who am I to ask you?
Why have you never asked
Who has made these miserable people so wretched?
Why have you never thought
What power
Has robbed humans of their right to live
Bringing them onto the pavements and the rubbish heaps?
Why have you never seen
That this very system of gold and riches
Which snatches the bread from the hungry
Because of your word
Throws down scraps
Before the starving?
Why have you never wished
That naked children
Old lepers
Helpless humans
Should ask from this world
Their right to live
And not just charity to live upon?
Why is it that
On one hand you sympathise with the oppressed

दूसरी जानिब
ज़ालिम से भी आऱ[1] नहीं है
लेकिन सच है
ऐसी बातें
मैं तुझसे किस मुँह से पूछूँ
पूछूँगा तो
मुझ पर भी वो ज़िम्मेदारी आ जाएगी
जिससे मैं बचता आया हूँ

बेहतर है ख़ामोश रहूँ मैं
और अगर कुछ कहना हो तो
यही कहूँ मैं
ए माँ टेरेसा
मुझको तेरे अज़मत से इनकार नहीं है

---

[1] संकोच

But on the other
You are not abashed by their oppressor?
But this is true
How dare
I ask you such things?
If I ask
Then I shall also have that responsibility
From which so far I have escaped

Perhaps it is better to keep silent
And if there is anything to say
Let me say this:
Mother Teresa,
I cannot deny your greatness

ये खेल क्या है?

मिरे मुख़ालिफ़[1] ने चाल चल दी है
और अब
मेरी चाल के इंतज़ार में है
मगर मैं कब से
सफ़ेद ख़ानों
सियाह ख़ानों में रक्खे
काले-सफ़ेद मोहरों को देखता हूँ
मैं सोचता हूँ
ये मोहरे क्या हैं

अगर मैं समझूँ
कि ये जो मोहरे हैं
सिर्फ़ लकड़ी के हैं खिलौने
तो जीतना क्या है हारना क्या
न ये ज़रूरी
न वो अहम है
अगर ख़ुशी है न जीतने की
न हारने का ही कोई ग़म है

---

[1] प्रतिद्वंदी

What is This Game?

My opponent has made a move
And now
Awaits mine
But for a long time
I stare at the black and white pieces
That sit on the white and black squares
And I wonder
What are these pieces?

If I were to assume
That these pieces
Are no more than wooden toys
Then what is the point in victory or defeat?
Neither is this necessary
Nor is that important
If there is no pleasure in a win
Nor sorrow in a loss

तो खेल क्या है
मैं सोचता हूँ
जो खेलना है
तो अपने दिल में यक़ीन कर लूँ
ये मोहरे सचमुच के बादशाहो-वज़ीर
सचमुच के हैं प्यादे
और इनके आगे है
दुश्मनों की वो फ़ौज
रखती है जो कि मुझको तबाह करने के
सारे मनसूबे
सब इरादे
मगर मैं ऐसा जो मान भी लूँ
तो सोचता हूँ
ये खेल कब है
ये जंग है जिसको जीतना है
ये जंग है जिसमें सब है जायज़
कोई ये कहता है जैसे मुझसे
ये जंग भी है
ये खेल भी है
ये जंग है पर खिलाड़ियों की
ये खेल है जंग की तरह का
मैं सोचता हूँ
जो खेल है
इसमें इस तरह का उसूल क्यों है
कि कोई मोहरा रहे कि जाए

Then what is this game?
I think
If I must play
Then I should convince myself
That these pieces are indeed King and Queen
That these are real foot soldiers
And arrayed before them
Is the enemy army
Which plans
And intends
To destroy me
But if I were to make myself believe this
Then I think
This is no longer a mere game
This is a war
That must be won
A war in which all is fair
It is as if somebody says to me
This is a war
And a game too
This is a war, but one between players
A game, but one like war
I ask myself
This game
Why does it have such a rule
That no matter what happens
to any of the pieces

मगर जो है बादशाह
उसपर कभी कोई आँच भी न आए
वज़ीर ही को है बस इजाज़त
कि जिस तरफ़ भी वो चाहे जाए

मैं सोचता हूँ
जो खेल है
इसमें इस तरह का उसूल क्यों है
प्यादा जो अपने घर से निकले
पलट के वापस न जाने पाए
मैं सोचता हूँ
अगर यही है उसूल
तो फिर उसूल क्या है
अगर यही है ये खेल
तो फिर ये खेल क्या है
मैं इन सवालों से जाने कब से उलझ रहा हूँ
मिरे मुख़ालिफ़ ने चाल चल दी है
और अब मेरी चाल के इंतज़ार में है

The one that is King
Must be protected from harm at all times?
That only the Queen has the freedom
To move in any direction it wants?

I wonder
This game
Why does it have such a rule
That once a pawn leaves home
It can never return?
I wonder
If this is the rule
Then what are rules?
If this is the game
Then what is this game?
I have been wrestling with these questions for a long time
Meanwhile my opponent has made a move
And awaits mine

कायनात[1]

मैं कितनी सदियों से तक रहा हूँ
ये कायनात और इसकी वुसूअत[2]
तमाम हैरत तमाम हैरत
ये क्या तमाशा ये क्या समाँ है
ये क्या अयाँ[3] है ये क्या निहाँ[4] है
अथाह सागर है इक ख़ला[5] का
न जाने कब से न जाने कब तक
कहाँ तलक है
हमारी नज़रों की इन्तहा[6] है
जिसे समझते हैं हम फ़लक[7] है

ये रात का छलनी-छलनी-सा काला आस्माँ है
कि जिसमें जुगनू की शक्ल में
बेशुमार सूरज पिघल रहे हैं
शहाबे-साक़िब[8] हैं
या हमेशा की ठंडी-काली फ़िज़ाओं[9] में
जैसे आग के तीर चल रहे हैं
करोड़हा नूरी[10] बरसों के फ़ासलों में फैली

---

[1] ब्रह्मांड, [2] विस्तार, [3] स्पष्ट, [4] गुप्त, [5] अंतरिक्ष, [6] सीमा, [7] आकाश, [8] उल्का, [9] वातावरण, [10] प्रकाश वर्ष

Universe

For several centuries
I have been gazing into
The cosmos and its vastness
At all its wonder, all its wonder
What is this spectacle, this show
What is revealed, what concealed
This unfathomable ocean of space
Since when has it been, till when will it be
Where is its frontier
The limit of our vision
Is what we think of as the sky

Night's dark sky is like a sieve
Countless suns, like fireflies
Melt through it
Are these meteor showers
Or arrows of fire
Shot across the eternally
Cold, dark atmosphere
These galaxies
Spread over millions of light years

ये कहकशाएँ[1]
ख़ला को घेरे हैं
या ख़लाओं की क़ैद में हैं
ये कौन किसको लिए चला है
हर एक लम्हा
करोड़ों मीलों की जो मुसाफ़त[2] है
इनको आख़िर कहाँ है जाना
अगर है इनका कहीं कोई आख़िरी ठिकाना
तो वो कहाँ है

जहाँ कहीं है
सवाल ये है
वहाँ से आगे कोई ज़मीं है
कोई फ़लक है
अगर नहीं है
तो ये 'नहीं' कितनी दूर तक है

मैं कितनी सदियों से तक रहा हूँ
ये कायनात और इसकी वुसूअत
तमाम हैरत तमाम हैरत
सितारे जिनकी सफ़ीर[3] किरणें
करोड़ों बरसों से राह में हैं
ज़मीं से मिलने की चाह में हैं
कभी तो आके करेंगी ये मेरी आँखें रौशन
कभी तो आएगा मेरे हाथों में रौशनी का एक ऐसा दामन
कि जिसको थामे मैं जाके देखूँगा इन ख़लाओं के

---

[1] आकाश गंगा, [2] यात्रा, दूरी, [3] दूत

Do they surround space
Or does space imprison them
Who is taking whom along
Each moment
On journeys millions of miles long
Where exactly are they all headed
If they have a final destination
Where is it

Wherever it may be
The question remains
Is there a world beyond that
Is there a sky
If there is nothing
Then how far does this 'nothing' extend

For centuries
I have been gazing into the cosmos and its vastness
At all its wonder, all its wonder
The stars whose rays, like messengers
Have been travelling for millions of years
Eager to reach the earth
Some day, they will surely light up my eyes
Some day, I will be able to grasp the hem of that light
And clutching it, go look into that space

फैले आँगन
कभी तो मुझको ये कायनात अपने राज़ खुलके
सुना ही देगी
ये अपना आग़ाज़ अपना अंजाम
मुझको इक दिन बता ही देगी

अगर कोई वाइज़[1] अपने मिम्बर[2] से
नख़वत-आमेज़ लहजे[3] में ये कहे
कि तुम तो कभी समझ ही नहीं सकोगे
कि इस क़दर है ये बात गहरी
तो कोई पूछे
जो मैं न समझा
तो कौन समझेगा
और जिसको कभी न कोई समझ सके
ऐसी बात तो फिर फ़ुज़ूल[4] ठहरी

---

[1] उपदेशक, [2] व्यास पीठ, [3] अहंकार भरे स्वर, [4] व्यर्थ

At its wide courtyards
Some day the cosmos will open up to me
Disclose its secrets
Some day it will reveal to me
The story of its beginning, its end

And if some preacher on the pulpit
Says in a pompous tone
That you will never be able to understand it
So deep is this issue
Let someone ask
If I don't understand
Who else will
And that which no one can ever understand
Is a useless thing, isn't it?

आरज़ू के मुसाफ़िर

जाने किसकी तलाश उनकी आँखों में थी
आरज़ू के मुसाफ़िर
भटकते रहे
जितना भी वो चले
उतने ही बिछ गए
राह में फ़ासले
ख़्वाब मंज़िल थे
और मंज़िलें ख़्वाब थीं
रास्तों से निकलते रहे रास्ते
जाने किस वास्ते
आरज़ू के मुसाफ़िर भटकते रहे

जिनपे सब चलते हैं
ऐसे सब रास्ते छोड़के
एक अंजान पगडंडी की उँगली थामे हुए
इक सितारे से
उम्मीद बाँधे हुए सम्त[1] की
हर गुमाँ[2] को यक़ीं[3] मानके

---

[1] दिशा, [2] भ्रम, [3] विश्वास

The Travellers of Desire

Who knows what their eyes were seeking
The yearning travellers
Kept wandering
The more they walked
The longer grew
The distances between them and their quest
Dreams were their destinations
And their destinations were as dreams
Paths gave way to other paths
But, who knows why,
The travellers of desire kept wandering

Leaving behind the well-trodden ways
Holding on to the finger of an unfamiliar trail
Pinning their hopes on a guiding star
Believing fully in every doubtful direction

अपने दिल से
कोई धोखा खाते हुए जानके
सहरा-सहरा
समुंदर को वो ढूँढते
कुछ सराबों[1] की जानिब[2]
रहे गामज़न[3]

यूँ नहीं था
कि उनको ख़बर ही न थी
ये समुंदर नहीं
लेकिन उनको कहीं
शायद एहसास था
ये फ़रेब[4]
उनको महवे-सफ़र[5] रक्खेगा
ये सबब[6] था
कि था और कोई सबब
जो लिए उनको फिरता रहा
मंज़िलों-मंजिलों
रास्ते-रास्ते
जाने किस वास्ते
आरज़ू के मुसाफ़िर भटकते रहे

अक्सर ऐसा हुआ
शहर-दर-शहर
और बस्ती-बस्ती
किसी भी दरीचे[7] में
कोई चिराग़े-मुहब्बत न था

---

[1] मृगतृष्णा, [2] तरफ, [3] अग्रसर, [4] धोखा, [5] यात्रा में व्यस्त, [6] कारण,
[7] झरोखा

Allowing their own hearts to deceive them
Willfully searching through deserts
While looking for a sea
They kept heading
Towards some mirages

It was not as if
They didn't know
That this was no sea
But perhaps
They felt
That this deception
Would keep them absorbed in their journey
Maybe it was this
Or some other reason
That propelled them
Towards destination after destination
Along path after path
But, who knows why
The travellers of desire kept wandering

Often it transpired that
In city after city
Hamlet after hamlet
No window
Was ever lit with the warmth
Of a welcoming lamp

बेरुख़ी[1] से भरी
सारी गलियों में
सारे मकानों के
दरवाज़े यूँ बंद थे
जैसे इक सर्द
ख़ामोश लहजे में
वो कह रहे हों
मुरव्वत[2] का और मेहरबानी का मस्कन[3]
कहीं और होगा
यहाँ तो नहीं है
यही एक मंज़र[4] समेटे थे
शहरों के पथरीले सब रास्ते
जाने किस वास्ते
आरज़ू के मुसाफ़िर भटकते रहे

और कभी यूँ हुआ
आरज़ू के मुसाफ़िर थे
जलती-सुलगती हुई धूप में
कुछ दरख़्तों ने साये बिछाए मगर
उनको ऐसा लगा
साये में जो सुकून और आराम है
मंज़िलों तक पहुँचने न देगा उन्हें
और यूँ भी हुआ
महकी कलियों ने खुशबू के पैग़ाम[5] भेजे उन्हें
उनको ऐसा लगा
चंद कलियों पे कैसे क़नाअत[6] करें

---
[1] उपेक्षा, [2] शालीनता, [3] आवास,[4] दृष्य, [5] संदेश, [6] संतुष्टि

In each lane
Filled with indifference
Every house
Greeted them with closed doors
As if, saying
In a cold silent tone:
Benevolence and kindness
Might dwell elsewhere
But not here
This was the view
Echoed by all the stony paths of the towns
And yet, who knows why,
The travellers of desire kept wandering

And sometimes it happened
That the travellers of desire
While in the burning, blistering heat of the sun
Found a few trees that had spread out
An inviting shade
But they felt
The ease and comfort of the canopy
Would prevent them
From reaching their journey's end
At times, this too happened
That blossoming buds sent them fragrant messages

उनको तो ढूँढना है
वो गुलशन कि जिसको
किसी ने अभी तक है देखा नहीं
जाने क्यों था उन्हें इसका पूरा यक़ीं
देर हो या सवेर उनको लेकिन कहीं
ऐसे गुलशन[1] के मिल जाएँगे रास्ते
जाने किस वास्ते
आरज़ू के मुसाफ़िर भटकते रहे

धूप ढलने लगी
बस ज़रा देर में रात हो जाएगी
आरज़ू के मुसाफ़िर जो हैं
उनके क़दमों तले
जो भी इक राह है
वो भी शायद अँधेरे में खो जाएगी
आरज़ू के मुसाफ़िर भी
अपने थके-हारे बेजान पैरों पे
कुछ देर तक लड़खड़ाएँगे
और गिरके सो जाएँगे
सिर्फ़ सन्नाटा सोचेगा ये रातभर
मंज़िलें तो इन्हें जाने कितनी मिलीं

---

[1] उद्यान

Welcome
But they felt as if
They couldn't possibly be content
With a few flowers
When they were in search
Of that garden
Which no one had ever seen
Yet, for some reason
They were convinced
That sooner or later, somehow, somewhere
they would find their way towards it
And, who knows why
The travellers of desire kept wandering

The sun is beginning to fade
Shortly, it will be night
These travellers
Know that the path that lies
Beneath their feet
Will probably be lost in the darkness as well
The travellers will
Stumble along for a while
On their tired, defeated, lifeless feet
Then collapse, and fall asleep
Only the deep silence will ponder this
All night long:
Who knows how many destinations

ये मगर
मंज़िलों को समझते रहे जाने क्यों रास्ते
जाने किस वास्ते
आरज़ू के मुसाफ़िर भटकते रहे

और फिर इक सवेरे की उजली किरण
तीरगी[1] चीर के
जगमगा देगी
जब अनगिनत राहगुज़रों[2] पे बिखरे हुए
उनके नक़्शे-क़दम[3]
आफ़ियतगाहों[4] में रहनेवाले
ये हैरत से मजबूर होके कहेंगे
ये नक़्शे-क़दम सिर्फ़ नक़्शे-क़दम ही नहीं
ये तो दरयाफ़्त[5] हैं
यो तो ईजाद[6] हैं
ये तो अफ़्कार[7] हैं
ये तो अश्आर[8] हैं
ये कोई रक़्स[9] हैं
ये कोई राग हैं
इनसे ही तो हैं आरास्ता[10]
सारी तहज़ीबो-तारीख़[11] के
वक़्त के
ज़िंदगी के सभी रास्ते

---

[1] अंधकार, [2] रास्ते, [3] पद चिन्ह, [4] सुखी घरों, [5] खोज, [6] आविष्कार, [7] विचार धाराएँ, [8] शे'र का बहु., [9] नृत्य, [10] सजे हुए, [11] संस्कृति और इतिहास

They passed
But they
For some reason believed them
To be merely paths
And, who knows why,
The travellers of desire kept wandering

And then a bright ray of morning light will
Tear through the darkness
And illuminate
Their footprints
Scattered across countless paths
Those living in safe abodes
Will be compelled to exclaim in wonder:
These footprints aren't simply footprints
They are discoveries!
They are inventions!
They are thoughts!
They are poems!
They are dances!
They are songs!
These are the very things
that decorate the paths
Of civilization and history!
Of time!
Of life itself!

वो मुसाफ़िर मगर
जानते-बूझते भी रहे बेख़बर
जिसको छू लें क़दम
वो तो बस राह थी
उनकी मंज़िल दिगर[1] थी
अलग चाह थी
जो नहीं मिल सके उसकी थी आरज़ू
जो नहीं है कहीं उसकी थी जुस्तुजू[2]
शायद इस वास्ते
आरज़ू के मुसाफ़िर भटकते रहे

---

[1] अलग, [2] तलाश

Travellers of desire
Knowingly chose to remain ignorant
That which their feet touched
Was but a path for them
Their destination was elsewhere
Their desire, unique
They yearned for what they could not have
They searched for what did not exist
Perhaps that was why
The travellers of desire kept wandering

मेले

बाप की उँगली थामे
इक नन्हा-सा बच्चा
पहले-पहल मेले में गया तो
अपनी भोली-भाली
कंचों जैसी आँखों से
इक दुनिया देखी
ये क्या है और वो क्या है
सब उसने पूछा
बाप ने झुककर
कितनी सारी चीज़ों और खेलों का
उसको नाम बताया
नट का
बाज़ीगर का
जादूगर का
उसको काम बताया
फिर वो घर की जानिब लौटे
गोद के झूले में
बच्चे ने बाप के कंधे पर सर रक्खा
बाप ने पूछा
नींद आती है?

Fairs

Clutching his father's finger
When a small child
Went to the fair for the first time
His innocent
Bright eyes
Looked on a new world
What is this? What is that?
He asked excitedly
His father, bending low
Told him the names
Of many things, many spectacles
About the jugglers
The daredevils
The conjurers
And what they did
Then they turned towards home
The child rocked
in the cradle of his father's arms
And rested his head upon his shoulder
The father asked:
Are you sleepy?

वक़्त भी एक परिंदा है
उड़ता रहता है

गाँव में फिर इक मेला आया
बूढ़े बाप ने काँपते हाथों से
बेटे की बाँह को थामा
और बेटे ने
ये क्या है और वो क्या है
जितना भी बन पाया
समझाया
बाप ने बेटे के कंधे पर सर रक्खा
बेटे ने पूछा
नींद आती है?
बाप ने मुड़के
याद की पगडंडी पर चलते
बीते हुए
सब अच्छे-बुरे
और कड़वे-मीठे
लम्हों के पैरों से उड़ती
धूल को देखा
फिर
अपने बेटे को देखा
होठों पर
इक हलकी-सी मुस्कान आई
हौले-से बोला
हाँ!
मुझको अब नींद आती है।

Time is like a bird
That keeps flying

The fair returned to the village
The old father
Clutched his son's arm with trembling hands
While the son
Explained all he can
About what this was and what that was
The father rested his head on his son's shoulder
The son asked:
Are you sleepy?
The father turned
Looked down the memory lane
Saw the dust kicked up
By the feet of moments past
Good ones and bad
The bitter and the sweet
And then
Turning towards his son
A faint smile playing
On his lips
Said softly:
Yes!
I am sleepy now.

जहन्नुमी[1]

मैं अकसर सोचता हूँ
ज़हन[2] की तारीक[3] गलियों में
दहकता और पिघलता
धीरे-धीरे आगे बढ़ता
ग़म का ये लावा
अगर चाहूँ
तो रुक सकता है
मेरे दिल की कच्ची खाल पर रक्खा ये अंगारा
अगर चाहूँ
तो बुझ सकता है
लेकिन
फिर ख़याल आता है
मेरे सारे रिश्तों में पड़ी
सारी दरारों से
गुज़र के आनेवाली बर्फ़ से ठंडी हवा
और मेरी हर पहचान पर सर्दी का ये मौसम
कहीं ऐसा न हो
इस जिस्म को, इस रूह को ही मुंजमिद[4] कर दे

---
[1] नारकीय, [2] मस्तिष्क, [3] अँधेरी, [4] स्थिर

Infernal

I often think
That the lava of grief
Flaming and melting
Slowly creeping forward
In the dark lanes of my mind
Could be stemmed
If I wished
The embers lying on the raw skin of my heart
If I wished
Might be extinguished
But
Then I think
That the wind
Blowing colder than ice
Through the chinks
In all my relationships
The chill weather
Settling on all my friendships
Might, heaven forbid!
Freeze this body and this soul

मैं अकसर सोचता हूँ
ज़हन की तारीक गलियों में
दहकता और पिघलता
धीरे-धीरे आगे बढ़ता
ग़म का ये लावा
अज़ीयत[1] है
मगर फिर भी ग़नीमत[2] है
इसी से रूह में गर्मी
बदन में ये हरारत[3] है
ये ग़म मेरी ज़रूरत है
मैं अपने ग़म से ज़िंदा हूँ

---

[1] तकलीफ़, [2] ठीक, [3] गर्मी

I often think
That the lava of grief
Flaming and melting
Slowly creeping forward
In the dark lanes of my mind
Is a torment
But at least it is something
From which warmth reaches my soul
From which heat enters my body
This grief is my necessity
I am alive
Because of my grief

परस्तार[1]

वो जो कहलाता था दीवाना तिरा
वो जिसे हिफ़्ज़[2] था अफ़्साना तिरा
जिसकी दीवारों पे आवेज़ाँ[3] थीं
तस्वीरें तिरी
वो जो दोहराता था
तक़रीरें[4] तिरी
वो जो ख़ुश था तिरी ख़ुशियों से
तिरे ग़म से उदास
दूर रहके जो समझता था
वो है तेरे पास
वो जिसे सज्दा तुझे करने से
इन्कार न था
उसको दरअस्ल कभी तुझसे
कोई प्यार न था
उसकी मुश्किल थी
कि दुश्वार[5] थे उसके रास्ते
जिनपे बेख़ौफ़ो-ख़तर[6]

---

[1] भक्त, [2] कंठस्थ, [3] टँगी हुई, [4] भाषण, [5] कठिन, [6] निर्भय

Fan

He who was known to be crazy about you
He who knew your story by heart
On whose walls hung
Your pictures
He who repeated
Your every word
He who was happy in your happiness
Sad in your sorrow
Who used to think, even when you were far apart
That he was close to you
He who had no qualms about bowing his head
Before you
He, truth be told
Never really loved you
His predicament was
That his paths were difficult
Marauders roamed fearlessly
On them
Forever on the heels of his ego
Frightened

घूमते रहज़न[1] थे
सदा उसकी अना[2] के दरपै[3]
उसने घबराके
सब अपनी अना की दौलत
तेरी तहवील[4] में रखवा दी थी
अपनी ज़िल्लत[5] को वो दुनिया की नज़र
और अपनी भी निगाहों से छिपाने के लिए
कामयाबी को तिरी
तेरी फ़ुतूहात[6]
तिरी इज़्ज़त को
वो तिरे नाम तिरी शोहरत[7] को
अपने होने का सबब[8] जानता था
है वजूद उसका जुदा तुझसे
ये कब मानता था
वो मगर
पुरख़तर[9] रास्तों से आज निकल आया है
वक़्त ने तेरे बराबर न सही
कुछ न कुछ अपना करम उसपे भी फ़रमाया है
अब उसे तेरी ज़रूरत ही नहीं
जिसका दावा था कभी
अब वो अक़ीदत[10] ही नहीं
तेरी तहवील में जो रक्खी थी कल
उसने अना
आज वो माँग रहा है वापस

---

[1] लुटेरे, [2] अहं, [3] घात में, [4] सुरक्षा, [5] बेइज़्ज़ती, [6] जीत, [7] प्रसिद्धि, [8] कारण, [9] ख़तरनाक, [10] श्रद्धा

He took his precious self-worth
And entrusted it to you
In order to hide his shame from the world
As well as from his own eyes
He considered your success
Your victories
Your status
Your name, your fame
To be the very purpose of his being
Never believed
That he had an existence apart from yours
But he
Has left those dangerous paths behind
Time has bestowed
– though not quite in the same measure –
Some favours on him too
He doesn't need you anymore
And that declaration of faith made in the past
Has no worth now
While that which he had placed in your trust yesterday
That ego
He is asking for its return today

बात इतनी-सी है
ऐ साहिबे-नामो-शोहरत[1]
जिसको कल
तेरे खुदा होने से इन्कार न था
वो कभी तेरा परस्तार न था

---
[1] प्रतिष्ठत

The matter is simply this
O known and famous one
The one who till yesterday
Accepted you as a god
Was never really your fan

एक शायर दोस्त से

घर में बैठे हुए क्या लिखते हो
बाहर निकलो
देखो क्या हाल है दुनिया का
ये क्या आलम[1] है
सूनी आँखें हैं
सभी ख़ुशियों से ख़ाली जैसे
आओ इन आँखों में ख़ुशियों की चमक हम लिख दें
ये जो माथे हैं
उदासी की लकीरों के तले[2]
आओ इन माथों पे क़िस्मत की दमक हम लिख दें
चेहरों से गहरी ये मायूसी[3] मिटाके
आओ
इनपे उम्मीद की इक उजली किरण हम लिख दें
दूर तक जो हमें वीराने नज़र आते हैं
आओ वीरानों पर अब एक चमन[4] हम लिख दें
लफ़्ज़-दर-लफ़्ज़[5] समुंदर-सा बहे
मौज-ब-मौज[6]
बह्‌रे-नग़मात[7] में
हर कोहे-सितम[8] हल[9] हो जाए
दुनिया दुनिया न रहे एक ग़ज़ल हो जाए

---

[1] दशा, [2] नीचे, [3] निराशा, [4] बाग़, [5] शब्द-प्रति-शब्द, [6] लहर-दर-लहर, [7] काव्य सागर, [8] ज़ुल्म का पहाड़, [9] घुलना

To a Poet Friend

Why write sitting at home?
Step outside
Look at this world
These times
These vacant eyes
Emptied of happiness
Come, let us write a sparkle of delight into these eyes
At these foreheads
Lined with sorrow
Come, let us etch a glittering destiny on them
Erasing the deep despair on these faces
Come
Let's inscribe a bright ray of hope on them
These desolations that extend into the distance
Come, let us compose a garden upon these desolations
May word upon word flow like the sea
Wave crashing upon wave
Until, in the ocean of songs
Every mountain of tyranny dissolves
And the world itself becomes a ghazal

अजीब क़िस्सा है

अजीब क़िस्सा है
जब ये दुनिया समझ रही थी
तुम अपनी दुनिया में जी रही हो
मैं अपनी दुनिया में जी रहा हूँ
तो हमने सारी निगाहों से दूर
एक दुनिया बसाई थी
जो कि मेरी भी थी
तुम्हारी भी थी
जहाँ फ़िज़ाओं में
दोनों के ख़्वाब जागते थे
जहाँ हवाओं में
दोनों की सरगोशियाँ[1] घुली थीं
जहाँ के फूलों में
दोनों की आरज़ू के सब रंग
खिल रहे थे
जहाँ पे दोनों की जुरअतों[2] के
हज़ार चश्मे[3] उबल रहे थे

---

[1] हौले से कही बातें, [2] साहस, [3] धार

It's a Strange Tale

What a strange tale this is
When the world thought
You were living in your world
And I in mine
We, far away from prying eyes
Created our own world
Which was both mine
And yours
Where our dreams
Lived out in the open
Where the wind was suffused with
Our whispers
Where all the colours of our desires
Blossomed in the flowers
Where our courage and daring
Bubbled up like a thousand springs

न वसवसे[1] थे रंजो-ग़म[2] थे
सुकून का गहरा इक समुंदर था
और हम थे

अजीब क़िस्सा है
सारी दुनिया ने
जब ये जाना
कि हमने सारी निगाहों से दूर
एक दुनिया बसाई है तो
हर एक अबरू[3] ने जैसे हम पर कमान तानी
तमाम पेशानियों[4] पे उभरीं
ग़म और ग़ुस्से की गहरी शिकनें[5]
किसी के लहजे से तल्ख़ी[6] छलकी
किसी की बातों में तुर्शी[7] आई
किसी ने चाहा
कि कोई दीवार ही उठा दे
किसी ने चाहा
हमारी दुनिया ही वो मिटा दे
मगर ज़माने को हारना था
ज़माना हारा
ये सारी दुनिया को मानना ही पड़ा
हमारी ख़याल की एक-सी ज़मीं है
हमारे ख़्वाबों का एक जैसा ही आसमाँ है
मगर पुरानी ये दास्ताँ है
कि हमपे दुनिया
अब एक अर्से[8] से मेहरबाँ है

---

[1] आशंका, [2] दुख [3] भ्रू, भौं, [4] माथों, [5] लकीरें, [6] कड़वाहट, [7] कसीलापन,
[8] मुद्दत

There were neither doubts nor sorrows
Just a deep ocean of tranquility
And us

What a strange tale this is
When the entire world
Found out
That far away from prying eyes
We had created a world of our own
Every eyebrow raised against us like a bow drawn
Deep furrows of anger and sadness
Emerged on all foreheads
Some spoke in tones dripping with bitterness
Some with sour inflections
Some wished
To build a wall to separate us
Some wanted
To destroy our life
But the world had to lose this battle
And lose it did
The entire world was forced to admit
That our thoughts emerged from a similar earth
Our dreams flourished under the same kind of sky
But this is an old story
The world
Has been kind to us for a while

अजीब क़िस्सा है
जब कि दुनिया ने
कब का तस्लीम[1] कर लिया है
हम एक दुनिया के रहने वाले हैं
सच तो ये है
तुम अपनी दुनिया में जी रही हो
मैं अपनी दुनिया में जी रहा हूँ

---

[1] स्वीकार

What a strange tale this is
For now that the world has long accepted
That we all inhabit the same world
The truth is
That you now live in your world
And I in mine

बीमारी की रात

दर्द बेरहम है
जल्लाद है दर्द
दर्द कुछ कहता नहीं
सुनता नहीं
दर्द बस होता है
दर्द का मारा हुआ
रौंदा हुआ
जिस्म तो अब हार गया
रूह ज़िद्दी है
लड़े जाती है
हाँफती
काँपती
घबराई हुई
दर्द के ज़ोर से
थर्राई हुई
जिस्म से लिपटी है
कहती है
नहीं छोड़ूँगी

A Critical Night

The pain is merciless
The pain is cruel
The pain says nothing
Hears nothing
It just exists
Defeated by pain
Crushed
The body has lost its battle
The spirit is stubborn
It fights
Heaves
Trembles
Panics
At the onslaught of pain
It quakes
Enfolding the body
It says:
'I shall not give in!'

मौत
चौखट पे खड़ी है कब से
सब्र से देख रही है उसको
आज की रात
न जाने क्या हो

How long has death
Been standing by the lintel
Eyeing it patiently
Tonight
Who knows what is to happen?

ग़म बिकते हैं

ग़म बिकते हैं
बाज़ारों में
ग़म काफ़ी महँगे बिकते हैं
लहजे की दूकान अगर चल जाए तो
जज़्बे[1] के गाहक
छोटे बड़े हर ग़म के खिलौने
मुँह माँगी क़ीमत पे ख़रीदें
मैंने हमेशा अपने ग़म अच्छे दामों बेचे हैं
लेकिन
जो ग़म मुझको आज मिला है
किसी दुकाँ पर रखने के क़ाबिल ही नहीं है
पहली बार मैं शर्मिन्दा हूँ
ये ग़म बेच नहीं पाऊँगा

---

[1] भावनाएँ

Sorrows for Sale

Sorrows are sold
In the market
The price of sorrows is high
If the shop of sweet tones takes off
The customers of emotion
Will buy the toys of sorrow, large or small
For any price
I have always sold my sorrows
For a good price
But
The sorrow I have got today
I cannot display it on any counter
For the first time I am ashamed
This sorrow I shall not be able to sell

शिकस्त[1]

स्याह[2] टीले पे तन्हा खड़ा वो सुनता है
फ़िज़ा में गूँजती अपनी शिकस्त की आवाज़
निगह[3] के सामने
मैदाने-कारज़ार[4] जहाँ
जियाले[5] ख़्वाबों के पामाल[6] और ज़ख़्मी बदन
पड़े हैं बिखरे हुए चारों सम्त[7]
बेतरतीब[8]
बहुत से मर चुके
और जिनकी साँस चलती है
सिसके रहे हैं
किसी लम्हा मरनेवाले हैं
ये उसके ख़्वाब
ये उसकी सिपाह[9]
उसके जरी[10]
चले थे घरे से तो कितनी ज़मीन जीती थी
झुकाए कितने थे मग़रूर[11] बादशाहों के सर
फ़सीलें[12] टूट के गिरके सलमा करती थीं
पहुँचना शर्त थी

---

[1] हार, [2] काला, [3] नज़र, [4] रणभूमि, [5] निडर, [6] रौंदे हुए, [7] तरफ़, [8] अस्त-व्यस्त, [9] फ़ौज, [10] बहादुर, [11] अभिमानी, [12] किले की दीवारें

Defeat

He stands alone upon a high black mound and hears
The echoes in the air, the voice of his defeat.
Before his eyes
The battlefield spread out
His valiant dreams are crushed and their wounded bodies lie
Scattered, tossed around the field
On every side
So many dead!
And those, who still have some breath left
Are gasping
Waiting for death to strike
These are his dreams
This is his army
Stalwart men
They left their homes
And on their way took many lands
So many overweening royal heads they bowed
And ramparts crumbled, fell, submitting at their feet
All they had to do was arrive

थर्रा के आप खुलते थे
तमाम क़िलओं के दरवाज़े
सारे महलों के दर
नज़र में उन दिनों मंज़र बहुत सजीला था
ज़मीं सुनहरी थी
और आसमान नीला था
मगर थी ख़्वाबों के लश्कर में किसको इसकी ख़बर
हर एक क़िस्से का इक इख़तिताम[1] होता है
हज़ार लिख दे कोई फ़तह[2] ज़र्रे ज़र्रे पर
मगर शिकस्त का भी इक मुक़ाम होता है
उफ़क़[3] पे चींटियाँ रेंगीं
ग़नीम[4] फ़ौजों ने
वो देखता है
कि ताज़ा कुमक बुलाई है
शिकारी निकले हैं उसके शिकार की ख़ातिर
ज़मीन कहती है
ये नरग़ा[5] तंग होने को है
हवाएँ कहती हैं
अब वापसी का मौसम है
प[6] वापसी का कहाँ रास्ता बनाया था
जब आ रहा था कहाँ ये ख़्याल आया था
पलट के देखता है
सामने समंदर है
किनारे कुछ भी नहीं
सिर्फ़ एक राख का ढेर

---

[1] अंत, [2] विजय, [3] क्षितिज, [4] दुश्मन, [5] घेरा, [6] पर

And quaking, shuddering gates
Were opened
Of every fort
Of every palace
In those days every sight brought pleasure to their eyes
The earth was bathed in gold
The sky was clothed in blue
But in this regiment of dreams who could have known
That every story, every fable has its end?
Let victory be heralded a thousand times
But there will always be a moment of defeat
Far off like swarming ants
The enemy gather
He sees
They summon reinforcements to their side
These hunters have come out to stalk their awesome prey
The earth cries out:
'The siege is near and closing in!'
The winds call:
'The time has come to sound retreat.'
But there was never any plan of turning back
As he advanced, he never gave a thought to this
He looks back
Before him is the open sea
And there is nothing on the shore
Except a heap of ash

ये उसकी कश्ती है
कल उसने ख़ुद जलाई थी

क़रीब आने लगीं क़ातिलों की आवाज़ें
स्याह टीले पे तन्हा खड़ा वो सुनता है

That was his ship
Which yesterday he put to flame

The shouts of killers draw closer
He stands alone upon a high black mound and hears…

दिल

दिल वो सहरा[1] था
कि जिस सहरा में
हसरतें[2]
रेत के टीलों की तरह रहती थीं
जब हवादिस[3] की हवा
उनको मिटाने के लिए
चलती थी
यहाँ मिटती थीं
कहीं और उभर आती थीं
शक्ल खोते ही
नई शक्ल में ढल जाती थीं
दिल के सहरा पे मगर अब की बार
सानेहा[4] गुज़रा कुछ ऐसा
कि सुनाए न बने
आँधी वो आई कि सारे टीले
ऐसे बिखरे
कि कहीं और उभर ही न सके

---

[1] रेगिस्तान, [2] आकांक्षाएँ, [3] दुर्घटनाएँ, [4] विपत्ति

Heart

The heart was a desert
That desert where desires
Lay around like sand dunes
When the winds of calamity blew
To destroy them
They were obliterated here
But emerged elsewhere
Lost their shape one moment
Regained it in a new form the next
But this time, in the desert of the heart
Such a tragedy transpired
That cannot bear repeating
A tempest blew
Scattering the dunes in such a way
That they couldn't emerge elsewhere

यूँ मिटे हैं
कि कहीं और बनाए न बने
अब कहीं
टीले नहीं
रेत नहीं
रेत का ज़र्रा[1] नहीं
दिल में अब कुछ भी नहीं
दिल को सहरा भी अगर कहिए
तो कैसे कहिए

---
[1] कण

Destroyed them in such a way
That they couldn't be formed again
And now
Nowhere are the dunes
Or sand
Not even a grain of sand
So empty is the heart
That if one wishes to call it a desert
How can one do that now

जुर्म और सज़ा

हाँ गुनहगार हूँ मैं
जो सज़ा चाहे अदालत देदे
आपके सामने सरकार हूँ मैं

मुझको इक़रार[1]
कि मैंने इक दिन
ख़ुद को नीलाम किया
और राज़ी-बरज़ा[2]
सरेबाज़ार, सरेआम किया
मुझको क़ीमत भी बहुत ख़ूब मिली थी लेकिन
मैंने सौदे में ख़यानत[3] कर ली
यानी
कुछ ख़्वाब बचाकर रक्खे
मैंने सोचा था
किसे फ़ुरसत है
जो मिरी रूह, मिरे दिल की तलाशी लेगा
मैंने सोचा था
किसे होगी ख़बर

---

[1] स्वीकार, [2] अपनी मर्ज़ी से, [3] बेईमानी

Crime and Punishment

Yes, I am a sinner
Let the court punish me accordingly
I stand before you, my lord

I confess
That one day
I put myself up for auction
And of my own free will
In the marketplace I made it public
I even obtained a good price
But I was dishonest in my trading
I mean
I kept a few dreams back
I thought
Who has the time
To search my soul and my heart
I thought
Who will know?

कितना नादान था मैं
ख़्वाब
छुप सकते हैं क्या
रौशनी
मुट्ठी में रुक सकती है क्या
वो जो होना था
हुआ
आपके सामने सरकार हूँ मैं
जो सज़ा चाहे अदालत देदे
फ़ैसला सुनने को तैयार हूँ मैं
हाँ गुनहगार हूँ मैं

फ़ैसला ये है अदालत का
तिरे सारे ख़्वाब
आज से तिरे नहीं हैं मुजरिम!
ज़हन के सारे सफ़र
और तिरे दिल की परवाज़[1]
जिस्म में बहते लहू के नग़मे
रूह का साज़
समाअत[2]
आवाज़
आज से तेरे नहीं हैं मुजरिम!
वस्ल[3] की सारी हदीसें[4]
ग़मे-हिज्राँ[5] की किताब
तेरी यादों के गुलाब
तेरा एहसास
तिरी फ़िक्रो-नज़र[6]

---

[1] उड़ान, [2] सुनने की शक्ति, [3] गिलन, [4] पवित्र वर्णन, [5] विरह के दुख,
[6] वैचारिक दृष्टि

How naive I was!
Can dreams be hidden?
Can light
Be concealed in a clenched fist?
The inevitable happened
I stand before you, my lord
Let the court punish me accordingly
I am prepared for your decision
Yes, I have sinned

The court reached its decision:
'All your dreams
Are no longer your property, sinner!
All the journeys of your fancy
The flight of your heart
The songs of the blood flowing through your body
The frets of your soul
The power of hearing, your voice
Are no longer your property, sinner!
The texts of your love's intimacies
The book of longing
The flowers of your memories
Your feelings
All that you think and see

तेरी सब साअतें[1]
सब लम्हे तिरे
रोज़ो-शब, शामो-सहर[2]
आज से तेरे नहीं हैं मुजरिम!
ये तो इन्साफ़ हुआ तेरे ख़रीदारों से
और अब तेरी सज़ा
तुझे मरने की इजाज़त नहीं
जीना होगा

[1] क्षण, [2] रात दिन, [3] शाम सवेरे

All your moments
Night and day, evening and morning
Are no longer your property, sinner!
Those who bought from you now have their justice
And now the judgement:
You are not allowed to die
You are condemned to live!'

फ़साद से पहले

आज इस शहर में
हर शख़्स हिरासाँ[1] क्यूँ है
चेहरे
क्यों फ़क़[2] हैं
गली कूचों में
किसलिए चलती है
ख़ामोशो-सरासीमा[3] हवा
आश्ना[4] आँखों पे भी
अजनबियत की ये बारीक सी झिल्ली क्यूँ है
शहर
सन्नाटे की ज़ंजीरों में
जकड़ा हुआ मुलज़िम[5] सा नज़र आता है
इक्का-दुक्का
कोई राहगीर गुज़र जाता है
ख़ौफ़ की गर्द से
क्यूँ धुँधला है सारा मंज़र
शाम की रोटी कमाने के लिए
घर से निकले तो हैं कुछ लोग
मगर
मुड़ के क्यूँ देखते हैं घर की तरफ़

---

[1] डरा हुआ, [2] उतरे हुए, [3] चुप और घबराई, [4] परिचित, [5] अपराधी

Before the Riot

Today in this city
Why is everyone afraid?
Why
Are faces pale?
In the alleys and lanes
Why is there
Silence in the stupefied air?
And over familiar eyes
Why is there a veil of strangeness?
The city
Is hushed in its chains
Looking like a fettered criminal
Here and there
Someone passes by
Why is the scene clouded
By the dust of fear?
To earn their evening meal
A few people emerge from their houses
But why do they turn and look back to their home?

आज
बाज़ार में भी
जाना पहचाना सा वो शोर नहीं
सब यूँ चलते हैं कि जैसे
ये ज़मीं काँच की है
हर नज़र
नज़रों से कतराती है
बात
खुलकर नहीं हो पाती है
साँस रोके हुए
हर चीज़ नज़र आती है
आज
ये शहर इक सहमे हुए बच्चे की तरह
अपनी परछाईं से भी डरता है

जंत्री देखो
मुझे लगता है
आज त्यौहार कोई है शायद

Today
Even in the bazaar
The familiar noise is missing
Everyone treads as if
The ground were made of glass
Every glance
Avoids the other
Nothing
Can be expressed openly
Everything seems
To be holding its breath
Today
The city is like a frightened child
Afraid even of its own shadow

Check the calendar
I think
Perhaps there is some festival today

फ़साद के बाद

गहरा सन्नाटा है
कुछ मकानों से ख़ामोश उठता हुआ
गाढ़ा काला धुआँ
मैल दिल में लिए
हर तरफ़ दूर तक फैलता जाता है
गहरा सन्नाटा है

लाश की तरह बेजान है रास्ता
एक टूटा हुआ ठेला
उलटा पड़ा
अपने पहिये हवा में उठाए हुए
आसमानों को हैरत से तकता है
जैसे कि जो भी हुआ
उसका अब तक यक़ीं इसको आया नहीं
गहरा सन्नाटा है

एक उजड़ी दूकाँ
चीख के बाद मुँह
जो खुला का खुला रह गया
अपने टूटे किवाड़ों से वो
दूर तक फैले
चूड़ी के टुकड़ों को

After the Riot

There is a deathly hush.
From some houses rises
Silent thick black smoke
Its heart sullied
Spreading far and wide, engulfing everything
There is a deathly hush

The street – lifeless as a corpse
A broken barrow
Turned upside down
Its wheels in the air
Gazes at the heavens in shock
As if it still cannot believe
What happened
There is a deathly hush

A smashed-up shop
Like a mouth wide open
After a scream
Looks from its broken doors
At the fragments of bangles

हसरतज़दा[1] नज़रों से देखती है
कि कल तक यही शीशे
इस पोपले के मुँह में
सौ रंग के दाँत थे
गहरा सन्नाटा है

गहरे सन्नाटे ने अपने मंज़र से यूँ बात की
सुन ले उजड़ी दुकाँ
ए सुलगते मकाँ
टूटे ठेले
तुम्हीं बस नहीं हो अकेले
यहाँ और भी हैं
जो ग़ारत[2] हुए हैं
हम इनका भी मातम करेंगे
मगर पहले उनको तो रो लें
कि जो लूटने आए थे
और ख़ुद लुट गए
क्या लुटा
इसकी उनको ख़बर ही नहीं
कमनज़र हैं
कि सदियों की तहज़ीब पर
उन बेचारों की कोई नज़र ही नहीं

---

[1] उदास आशा से भरी नज़र, [2] बरबाद

Scattered afar
With longing eyes, thinking
That yesterday these pieces of glass
Were teeth of a myriad colours
In this toothless mouth
There is a deathly hush

The silence speaks to the scene around:
'Listen, smashed-up shop
Smouldering house
Broken barrow!
You are not the only ones
There are others as well
Who have been destroyed
For them also we shall mourn
But first let us weep for those
Who came here to loot
And were themselves robbed
They have no idea
Of what they have lost
They cannot see
Blind to this age-old civilization
Those miserable people
Have no view at all.'

हमसाये[1] के नाम

कुछ तुमने कहा
कुछ मैंने कहा
और बढ़ते-बढ़ते बात बढ़ी
दिल ऊब गया
दिन डूब गया
और गहरी-काली रात बढ़ी

तुम अपने घर
मैं अपने घर
सारे दरवाज़े बंद किए
बैठे हैं कड़वे घूँट पिए
ओढ़े हैं ग़ुस्से की चादर

कुछ तुम सोचो
कुछ मैं सोचूँ
क्यों ऊँची हैं ये दीवारें
कब तक हम इन पर सर मारें
कब तक ये अँधेरे रहने हैं
कीना[2] के ये घेरे रहने हैं

---

[1] पड़ोसी, [2] बैर

To a Neighbour

You said something
I said something
And the matter worsened
The heart grew overwhelmed
The day came to an end
And turned into the deep, dark night

You retreated to your place
I to mine
Having shut the doors
We sit swallowing our bitterness
Wrapped in anger

Think this over
Let me do the same
Why are these walls so high
How long will we bang our heads against them
How long will this dark bitterness last
How long will this animosity confine us

चलो अपने दरवाज़े खोलें
और घर से बाहर आएँ हम
दिल ठहरे जहाँ हैं बरसों से
वो इक नुक्कड़ है नफ़रत का
कब तक इस नुक्कड़ पर ठहरें
अब उसके आगे जाएँ हम
बस थोड़ी दूर इक दरिया है
जहाँ एक उजाला बहता है
वाँ लहरों-लहरों हैं किरणें
और किरणों-किरणों हैं लहरें
उन किरणों में
उन लहरों में
हम दिल को ख़ूब नहाने दें
सीनों में जो इक पत्थर है
उस पत्थर को घुल जाने दें
दिल के इक कोने में भी छुपी
गर थोड़ी-सी भी नफ़रत है
उस नफ़रत को धुल जाने दें
दोनों की तरफ़ से जिस दिन भी
इज़्हार[1] नदामत[2] का होगा
तब जश्न मुहब्बत का होगा

[1] अभिव्यक्ति, [2] पछतावा

Let's open our doors
Step out of our shells
This space where our hearts have stood still for years
Is a corner filled with hate
How long will we stand at this corner
Let's move past it
Not far off, there's a river
Flowing with light
Rays in each wave
And waves in each ray
In those rays
In those waves
Let our hearts bathe fully
Let the stone that's in our chests
Dissolve completely
If even the smallest bit of hate remains
Hidden away in some corner of our hearts
Let that hate be washed away
The day when we both
Show a sign of regret
That day shall be the celebration of love

अजीब आदमी था वो
कैफ़ी साहब

अजीब आदमी था वो
मुहब्बतों का गीत था
बग़ावतों का राग था
कभी वो सिर्फ़ फूल था
कभी वो सिर्फ़ आग था
अजीब आदमी था वो

वो मुफ़लिसों[1] से कहता था
कि दिन बदल भी सकते हैं
वो जाबिरों[2] से कहता था
तुम्हारे सर पे सोने के जो ताज हैं
कभी पिघल भी सकते हैं

वो बंदिशों[3] से कहता था
मैं तुमको तोड़ सकता हूँ
सहूलतों से कहता था
मैं तुमको छोड़ सकता हूँ
हवाओं से वो कहता था
मैं तुमको मोड़ सकता हूँ

---
[1] निर्धन, [2] अत्याचारी, [3] बंधनों

He was a Strange Man
For Kaifi Sahab

He was a strange man
The song of many loves
The tune of rebellions
At times, he was just a flower
At others, just fire
He was a strange man

To the poor, he would say
The times can change
To the oppressors, he would say
The golden crowns that sit on your heads
Can melt one day

To constraints, he would say
I can break free of you
To comforts, he would say
I can leave you behind
To winds, he would say
I can change your direction

वो ख़्वाब से ये कहता था
कि तुझको सच करूँगा मैं
वो आरज़ू से कहता था
मैं तेरा हमसफ़र हूँ
तेरे साथ ही चलूँगा मैं
तू चाहे जितनी दूर भी बना ले अपनी मंज़िलें
कभी नहीं थकूँगा मैं

वो ज़िंदगी से कहता था
कि तुझको मैं सजाऊँगा
तू मुझसे चाँद माँग ले
मैं चाँद लेके आऊँगा

वो आदमी से कहता था
कि आदमी से प्यार कर
उजड़ रही है ये ज़मीं
कुछ इसका अब सिंगार कर

अजीब आदमी था वो

वो ज़िंदगी के सारे ग़म
तमाम दुख
हर इक सितम से कहता था
मैं तुमसे जीत जाऊँगा
कि तुमको तो मिटा ही देगा
एक रोज़ आदमी

To dreams, he would say
I will turn you into reality
To desire, he would say
I am your fellow traveller
I will walk alongside you
No matter how far you set your destination
I will never tire

To life, he would say
I will adorn you
Ask me for the moon
And I will bring you the moon

To human beings, he would say
Love other human beings
This earth is being destroyed
Beautify it a little now

He was a strange man

To the sorrows of life
To all its miseries
To every tyranny, he would say
I will win against you
For one day
The people will obliterate you

भुला ही देगा ये जहाँ[1]
मिरी अलग है दास्ताँ

वो आँखें जिनमें ख़्वाब हैं
वो दिल है जिनमें आरज़ू
वो बाज़ू जिनमें है सकत[2]
वो होंठ जिनपे लफ़्ज़ हैं
रहूँगा उनके दरमियाँ
कि जब मैं बीत जाऊँगा

अजीब आदमी था वो

---

[1] संसार, [2] ताक़त

The world will erase you from its memory
But my story will be different

The eyes which harbour dreams
The hearts which nurture desires
The arms that have strength
The lips that can speak
I will continue to live
Among them

He was a very strange man

बरगद

मेरे रस्ते में इक मोड़ था
और उस मोड़ पर
पेड़ था एक बरगद का
ऊँचा
घना
जिसके साए में मेरा बहुत वक़्त बीता है
लेकिन हमेशा यही मैंने सोचा
कि रस्ते में ये मोड़ ही इसलिए है
कि ये पेड़ है
उम्र की आँधियों में
वो पेड़ एक दिन गिर गया
मोड़ लेकिन है अब तक वहीं का वहीं

देखता हूँ तो
आगे भी रस्ते में
बस मोड़ ही मोड़ हैं
पेड़ कोई नहीं
रास्तों में मुझे यूँ तो मिल जाते हैं मेहरबाँ
फिर भी हर मोड़ पर
पूछता है ये दिल
वो जो इक छाँव थी
खो गई है कहाँ

The Banyan Tree

Along my route was a bend in the road
And at that bend
Was a banyan tree
Tall
Dense
In whose shade, I had spent a lot of my time
But I always thought
That the reason for the bend in the road
Was the tree itself
In the storms of time
The tree fell down one day
Yet the bend remains where it always was

If I look ahead
Along the road
There is bend after bend
But no tree
On these roads, I do encounter kind people
Yet, at each bend
My heart wonders
Where has it vanished
That shade, which once was

हिल-स्टेशन

घुल रहा है सारा मंज़र शाम धुँधली हो गई
चाँदनी की चादर ओढ़े हर पहाड़ी सो गई

वादियों में पेड़ हैं अब नीलगूँ[1] परछाइयाँ
उठ रहा है कोहरा जैसे चाँदनी का हो धुआँ

चाँद पिघला तो चटानें भी मुलायम हो गयीं
रात की साँसें जो महकीं और मद्धम हो गईं

नर्म है जितनी हवा उतनी फिज़ा ख़ामोश है
टहनियों पर ओस पी के हर कली बेहोश है

मोड़ पर करवट लिए अब ऊँघते हैं रास्ते
दूर कोई गा रहा है जाने किसके वास्ते

---

[1] नील रंग की

Hill Station

The vista fades in evening mist, and every hill
Sleeps gently in a sheet of moonbeams, calm and still

The trees are blue reflections in the tinted vale;
The haze is rising like the smoke of moonlight pale

The moon has melted; rocks grow softer in its light
And perfume, even softer, scents the breath of night

The sky as silent as the breeze of dusk is calm
The buds are drunk; the branches give them a heady balm

The road in sleep turns over, bending, winding, slow
And someone sings a song. For whom? We'll never know

ये सुकूँ[2] में खोई वादी नूर[3] की जागीर है
दूधिया पर्दे के पीछे सुरमई तस्वीर है

धुल गई है रूह लेकिन दिल को ये एहसास है
ये सूकूँ बस चन्द लमहों को ही मेरे पास है

---

[2] शांति, [3] पवित्र उजाला

In heaven's light the valley basks and peace prevails
A picture of black-tinted eyes through milky veils

My soul is cleansed, my heart is captured by a song
But then I know the peace I have will not last long

पेड़ से लिपटी बेल

एक पुराने
और घनेरे पेड़ की इक डाली से लिपटी
बेल में
सारी पेड़ की रंगत
पेड़ की ख़ुश्बू
समा गई थी
बेल भी पेड़ का इक हिस्सा थी
पेड़ के बारे में
यूँ तो सौ अफ़्साने थे
बेल का कोई ज़िक्र नहीं था
वो-ख़ामोश-सा इक क़िस्सा थी

पेड़ पे रंगों का मौसम था
बेल पे जैसे
हल्की-सी मुस्कान के
नन्हे फूल खिले थे
लेकिन
फिर ये मौसम बदला
और बड़ी ज़हरीली हवाएँ
पेड़ गिराने
चारों दिशाओं से जब लपकीं

The Vine Wrapped Around the Tree

A vine had wrapped
Itself around the branch
Of an old and dense tree
All the tree's colour
Its fragrance
Had seeped into the vine
The vine was now a part of the tree
There were a hundred tales
Told about the tree
Not one mentioned the vine
Its story remained untold

Spring, the season of colour, was upon the tree
While on the vine, it was as if
The tiny buds of a gentle smile
Had blossomed
But then
The season changed
And venomous gales
Sprang from all four corners
To try and fell the tree

यूँ लगता था
पेड़ हवा में
पत्ता-पत्ता बिखर रहा है
यूँ लगता था
सारी शाख़ें टूट रही हैं
यूँ लगता था
सारी जड़ें अब उखड़ रही हैं
पल दो पल में
पेड़ ज़मी पर
मुँह के बल गिरनेवाला है
पर जो हुआ
वो क़िस्सा भी सुनने वाला है

पेड़ जो काँपा
बेल के तन-मन में जैसे
इक बिजली दौड़ी
रेशम जैसी बेल का रेशा-रेशा
जैसे लोहे का इक तार बना
और बेल ने
सारी टूटी शाख़ों को
यू बाँधा
पेड़ के सारे घायल तन को
यूँ लिपटाया
पेड़ की हर ज़ख़्मी डाली को
कुछ यूँ थामा
जितनी थीं ज़हरीली हवाएँ
पेड़ से सर टकरा-टकरा के

It seemed as if
The tree was disintegrating
Leaf by leaf in the wind
It seemed as if
All its branches were snapping
It seemed as if
All its roots were being yanked up from the ground
That in a moment or two
The tree would
Fall flat on its face
But what actually transpired
Is worth listening to

When the tree began to tremble
It was as if a bolt of lightning had coursed
Through the vine's body and soul
As if every fibre of the silken vine
had turned into a steel wire
And the vine
Lashed together the broken branches
In such a way
Embraced the wounded body of the tree
In such a way
Held on to the bruised boughs of the tree
In such a way
That the malevolent winds
Having rammed their heads repeatedly against the tree

हार गई हैं
हाँप रही हैं
होके परेशाँ
हक्का-बक्का देख रही हैं

वक़्त के भी हैं खेल निराले
बेल अपनी बाँहों में अब है पेड़ सँभाले
धीरे-धीरे
घायल शाख़ों पर
पत्ते फिर निकल रहे हैं
धीरे-धीरे
नई जड़ें फूटी हैं
और धरती में गहरी उतर रही हैं
बेल पे जैसे
एक नई मुस्कान के नन्हे फूल खिले हैं

In vain
Were left panting
Staring
In puzzled disbelief

Time plays strange games
Now, the vine nurses the tree in its arms
Gradually, one by one
New leaves are beginning to sprout
On the wounded branches
Gently, inch by inch
New roots are beginning to emerge
And are sinking deep into the earth
While upon the vine, it is as if
The tiny buds of a new smile have blossomed

Acknowledgements

It is ironic that languages which were meant to communicate quite often become barriers in the way of communication. But in the walls of the different languages of the world, translations are the only windows available. Quite often, it is said that translating literature, and particularly poetry, is like pouring perfume from one bottle into another. No matter how carefully you do it, a certain loss of fragrance is inevitable. Even if it is true to a considerable extent, I shudder to think that I would have been deprived of Victor Hugo, Baudelaire, Neruda and Mahmoud Darwish if their works had not been translated. Obviously in any discipline of work, there are some people who are more competent than the others, and that makes me feel very fortunate, because two distinguished and extremely competent gentlemen from the field of literature – Dr. David Matthews and Ali Husain Mir – have rendered my poetry from Urdu into English with utmost sensitivity, and for that I am deeply thankful to them.

I do owe a vote of thanks to some more friends. In particular, Rakhshanda Jalil, without whose support and coordination, perhaps this book would not have come to fruition. I would also like to thank Obaid Azam Azmi and Sohail Warsi for helping with the Urdu section of the book, Moonis Ijlal and Baaraan Ijlal for advising me on the cover, and my secretary Carrol D'souza for all her help.

I believe that once poetry is published and sent out into the public domain, the reader can lay as much claim to it as the poet himself. So now, these poems belong to you as well.

Javed Akhtar

About the translators

Dr. David Matthews, formerly senior lecturer in Urdu and Nepali at the School of Oriental and African Studies (SOAS), London University, was born in London. His translations from Urdu into English include works of Rusva, Anis, Hali, Iqbal, Ibn-e-Insha and Shaukat Siddiqui.

Ali Husain Mir is a professor at William Paterson University, USA and the co-author of *Anthems of Resistance*, a book on the history and politics of the Urdu poets of the Progressive Writers' Movement. He occasionally writes lyrics and works on scripts for Bollywood cinema. He is currently working on a book about the life and work of Saadat Hasan Manto.

Poems translated by David Matthews

My Courtyard, My Tree
The Journey of a Pawn
Perplexity
I Remember That Room
Dilemma
Time
Crossroads
My Prayer
Being Apart
Riddle
Banjara
Remains of the Past
Come Now and Do Not Think
Homeless
Hunger
Morning Maiden
Mother Teresa
Infernal
To a Poet Friend
A Critical Night
Sorrows for Sale
Defeat
Crime and Punishment
Before the Riot
After the Riot
He was a Strange Man
Kaifi Sahab
Hill Station

Poems translated by Ali Husain Mir

Language
Teardrop
Confession
Another Timely Thought
Shabana
Adieu
Montage
The Slum
What is This Game?
Universe
The Travellers of Desire
Fairs
Fan
It's a Strange Tale
Heart
To a Neighbour
The Banyan Tree
The Vine Wrapped Around the Tree

فہرست

۱۔ زبان
۲۔ میرا آنگن میرا پیڑ
۳۔ ایک مہرے کا سفر
۴۔ الجھن
۵۔ وہ کمرہ یاد آتا ہے
۶۔ آنسو
۷۔ دشواری
۸۔ اعتراف
۹۔ وقت
۱۰۔ بروقت
۱۱۔ دوراہا
۱۲۔ شبانہ
۱۳۔ مری دعا ہے
۱۴۔ خدا حافظ
۱۵۔ ہجر
۱۶۔ معمہ
۱۷۔ بنجارہ
۱۸۔ مونتاج
۱۹۔ آثارِ قدیمہ
۲۰۔ آؤ اور نہ سوچو
۲۱۔ بے گھر
۲۲۔ کچی بستی
۲۳۔ بھوک
۲۴۔ صبح کی گوری
۲۵۔ مدر تھریسا
۲۶۔ یہ کھیل کیا ہے
۲۷۔ کائنات
۲۸۔ آرزو کے مسافر
۲۹۔ میلے
۳۰۔ جہنمی
۳۱۔ پرستار
۳۲۔ ایک شاعر دوست سے
۳۳۔ عجیب قصہ ہے
۳۴۔ بیمار کی رات
۳۵۔ غم بکتے ہیں
۳۶۔ شکست
۳۷۔ دل
۳۸۔ جرم اور سزا
۳۹۔ فساد سے پہلے
۴۰۔ فساد کے بعد
۴۱۔ ہمسائے کے نام
۴۲۔ عجیب آدمی تھا وہ
۴۳۔ برگد
۴۴۔ ہل اسٹیشن
۴۵۔ پیڑ سے لپٹی بیل

1

زبان

کوئی خیال
اور کوئی بھی جذبہ
کوئی بھی شے ہو
جانے اُس کو
پہلے پہل آواز ملی تھی
یا اُس کی تصویر بنی تھی
سوچ رہا ہوں

کوئی بھی آواز
لکیروں میں جو ڈھلی
تو کیسے ڈھلی تھی
سوچ رہا ہوں
یہ جو اک آواز الف ہے
سیدھی لکیر میں
یہ آخر کس نے بھر دی تھی
کیوں سب نے یہ مان لیا تھا
سامنے میری میز پہ اک جو پھل رکھا ہے
اس کو سیب ہی کیوں کہتے ہیں
سیب تو اک آواز ہے
اس آواز کا اس پھل سے جو انوکھا رشتہ بنا ہے
کیسے بنا تھا
اور یہ ٹیڑھی میڑھی لکیریں

جن کو حرف کہا جاتا ہے
یہ آوازوں کی تصویریں
کیسے بنی تھیں
آوازیں تصویر بنیں
یا تصویریں آواز بنیں تھیں
سوچ رہا ہوں
ساری چیزیں
سارے جذبے
سارے خیال
اور اُن کا تعارف
ان کی خبر اور
ان کے ہر پیغام کو دینے پر فائز
ساری آوازیں
ان آوازوں کو اپنے گھر میں ٹھہراتی
اپنی امان میں رکھتی
ٹیڑھی میڑھی لکیریں
کس نے یہ کنبہ جوڑا ہے
سوچ رہا ہوں

***

میرا آنگن میرا پیڑ

میرا آنگن
کتنا کشادہ کتنا بڑا تھا
جس میں
میرے سارے کھیل
سما جاتے تھے
اور آنگن کے آگے تھا وہ پیڑ کہ جو مجھ سے کافی اونچا تھا
لیکن
مجھ کو اس کا یقیں تھا
جب میں بڑا ہو جاؤں گا
اس پیڑ کی پھنگی بھی چھولوں گا
برسوں بعد
میں گھر لوٹا ہوں
دیکھ رہا ہوں
یہ آنگن کتنا چھوٹا ہے
پیڑ مگر پہلے سے بھی تھوڑا اونچا ہے

***

ایک مہرے کا سَفر

جب وہ کم عمر ہی تھا
اُس نے یہ جان لیا تھا کہ اگر جینا ہے
بڑی چالاکی سے جینا ہوگا
آنکھ کی آخری حد تک ہے بساطِ ہستی
اور وہ معمولی سا اک مہرہ ہے
ایک اک خانہ بہت سوچ کے چلنا ہوگا
بازی آسان نہیں تھی اسکی
دور تک چاروں طرف پھیلے تھے

مہرے
جلّاد
نہایت سفاک
سخت بے رحم
بہت ہی چالاک
اپنے قبضے میں لئے
پوری بساط
اُسکے حصّے میں فقط مات لئے
وہ جدھر جاتا
اسے ملتا تھا
ہر نیا خانہ نئی گھات لئے
وہ مگر بچتا رہا

چلتا رہا
ایک گھر
دوسرا گھر
تیسرا گھر
پاس آیا کبھی اوروں کے
کبھی دور ہوا
وہ مگر بچتا رہا
چلتا رہا
گو کہ معمولی سا مہرہ تھا مگر جیت گیا
یوں وہ اک روز بڑا مہرا بنا
اب وہ محفوظ ہے اک خانے میں
اتنا محفوظ کہ دشمن تو الگ
دوست بھی پاس نہیں آ سکتے
اُس کے اک ہاتھ میں ہے جیت اُس کی
دوسرے ہاتھ میں تنہائی ہے

***

اُلجھن

کروڑوں چہرے
اور اُن کے پیچھے
کروڑوں چہرے
یہ راستے ہیں کہ بھِڑ کے چھتّے
زمین جسموں سے ڈھک گئی ہے
قدم تو کیا تِل بھی دھرنے کی اب جگہ نہیں ہے
یہ دیکھتا ہوں تو سوچتا ہوں
کہ اب جہاں ہوں
وہیں سِمٹ کے کھڑا رہوں میں
مگر کروں کیا
کہ جانتا ہوں
کہ رک گیا تو
جو بھیڑ پیچھے سے آ رہی ہے
وہ مجھ کو پیروں تلے کچل دے گی پیس دے گی
تو اب جو چلتا ہوں میں
تو خود میرے اپنے پیروں میں آ رہا ہے
کسی کا سینہ
کسی کا بازو
کسی کا چہرہ
چلوں
تو اوروں پہ ظلم ڈھاؤں
رکوں

تو اوروں کے ظلم جھیلوں
ضمیر
تجھ کو تو ناز ہے اپنی منصفی پر
ذرا سنوں تو
کہ آج کیا تیرا فیصلہ ہے

***

وہ کمرہ یاد آتا ہے

میں جب بھی
زندگی کی چلچلاتی دھوپ میں تپ کر
میں جب بھی
دوسروں کے اور اپنے جھوٹ سے تھک کر
میں سب سے لڑ کے خود سے ہار کے
جب بھی اس اک کمرے میں جاتا تھا
وہ ہلکے اور گہرے کتھئی رنگوں کا اک کمرہ
وہ بے حد مہرباں کمرہ
جو اپنی نرم مٹھی میں مجھے ایسے چھپا لیتا تھا
جیسے کوئی ماں
بچے کو آنچل میں چھپا لے
پیار سے ڈانٹے
یہ کیا عادت ہے
جلتی دوپہر میں مارے مارے گھومتے ہو تم
وہ کمرہ یاد آتا ہے
دبیز اور خاصا بھاری
کچھ ذرا مشکل سے کھلنے والا وہ شیشم کا دروازہ
کہ جیسے کوئی اکھڑ باپ
اپنے کھردرے سینے میں
شفقت کے سمندر کو چھپائے ہو
وہ کرسی
اور اسکے ساتھ وہ جڑواں بہن اسکی

وہ دونوں

دوست تھیں میری

وہ اک گستاخ منہ پھٹ آئینہ

جو دل کا اچھا تھا

وہ بے ہنگم سی الماری

جو کونے میں کھڑی

اک بوڑھی انّا کی طرح

آئینے کو تنبیہہ کرتی تھی

وہ اک گلدان

ننّھا سا

بہت شیطان

ان دونوں پہ ہنستا تھا

دریچہ

یا ذہانت سے بھری اک مسکراہٹ

اور دریچے پر جھکی وہ بیل

کوئی سبز سرگوشی

کتابیں

طاق میں اور شیلف پر

سنجیدہ استانی بنی بیٹھی

مگر سب منتظر اس بات کی

میں ان سے کچھ پوچھوں

سرہانے

نیند کا ساتھی

تھکن کا چارہ گر

وہ نرم دل تکیہ

میں جس کی گود میں سر رکھ کے
چھت کو دیکھتا تھا
چھت کی کڑیوں میں
نہ جانے کتنے افسانوں کی کڑیاں تھیں
وہ چھوٹی میز پر
اور سامنے دیوار پر
آویزاں تصویریں
مجھے اپنائیت سے اور یقیں سے دیکھتی تھیں
مسکراتی تھیں
انھیں شک بھی نہیں تھا
ایک دن
میں ان کو ایسے چھوڑ جاؤں گا
میں اک دن یوں بھی جاؤں گا
کہ پھر واپس نہ آؤں گا
میں اب جس گھر میں رہتا ہوں
بہت ہی خوبصورت ہے
مگر اکثر یہاں خاموش بیٹھا یاد کرتا ہوں
وہ کمرہ بات کرتا تھا

***

آنسو

کسی کا غم سن کے
میری پلکوں پہ
ایک آنسو جو آ گیا ہے
یہ آنسو کیا ہے

یہ آنسو کیا اک گواہ ہے
میری دردمندی کا میری انسان دوستی کا
یہ آنسو کیا اک ثبوت ہے
میری زندگی میں خلوص کی ایک روشنی کا
یہ آنسو کیا یہ بتا رہا ہے
کہ میرے سینے میں ایک حسّاس دل ہے
جس نے کسی کی دلدوز داستاں جو سنی
تو سن کے تڑپ اُٹھا ہے
پرائے شعلوں میں جل رہا ہے
پگھل رہا ہے
مگر میں پھر خود سے پوچھتا ہوں
یہ داستاں تو ابھی سنی ہے
یہ آنسو بھی کیا ابھی ڈھلا ہے
یہ آنسو
کیا میں یہ سمجھوں
پہلے کہیں نہیں تھا

مجھے تو شک ہے کہ یہ کہیں تھا
یہ میرے دل اور میری پلکوں کے درمیاں
اک جو فاصلہ ہے
جہاں خیالوں کے شہر زندہ ہیں
اور خوابوں کی تُربتیں ہیں
جہاں محبت کے اُجڑے باغوں میں
تلخیوں کے ببول ہیں
اور کچھ نہیں ہے
جہاں سے آگے ہیں
اُلجھنوں کے گھنیرے جنگل
یہ آنسو
شاید بہت دنوں سے
وہیں چھپا تھا
جنھوں نے اس کو جنم دیا تھا
وہ رنج تو مصلحت کے ہاتھوں
نجانے کب قتل ہو گئے تھے
تو کرتا پھر کس پہ ناز آنسو
کہ ہو گیا بے جواز آنسو
یتیم آنسو، یسیر آنسو
نہ معتبر تھا
نہ راستوں سے ہی باخبر تھا
تو چلتے چلتے وہ تھم گیا تھا
ٹھٹھک گیا تھا
جھجک گیا تھا
اِدھر سے آج اک کسی کے غم کی

کہانی کا کارواں جو گزرا
یتیم آنسو نے جیسے جانا
کہ اِس کہانی کی سرپرستی ملے
تو ممکن ہے
راہ پانا
تو اک کہانی کی اُنگلی تھامے
اُسی کے غم کو رومال کرتا
اُسی کے بارے میں
جھوٹے سچے سوال کرتا
یہ میری پلکوں تک آ گیا ہے

***

دُشواری

میں بھول جاؤں تمہیں
اب یہی مناسب ہے
مگر بھلانا بھی چاہوں تو کس طرح بھولوں
کہ تم تو پھر بھی حقیقت ہو
کوئی خواب نہیں
یہاں تو دل کا یہ عالم ہے کیا کہوں
کمبخت !
بھلا نہ پایا یہ وہ سلسلہ
جو تھا ہی نہیں
وہ اک خیال
جو آواز تک گیا ہی نہیں
وہ ایک بات
جو میں کہہ نہیں سکا تم سے
وہ ایک ربط
جو ہم میں کبھی رہا ہی نہیں
مجھے ہے یاد وہ سب
جو کبھی ہوا ہی نہیں

***

اعتراف

سچ تو یہ ہے قصور اپنا ہے
چاند کو چھونے کی تمنا کی
آسماں کو زمین پر مانگا
پھول چاہا کہ پتھروں پہ کھلے
کانٹوں میں کی تلاش خوشبو کی
آگ سے مانگتے رہے ٹھنڈک
خواب جو دیکھا
چاہا سچ ہو جائے
اِس کی ہم کو سزا تو ملنی تھی

***

وقت

یہ وقت کیا ہے
یہ کیا ہے آخر کہ جو مسلسل گزر رہا ہے
یہ جب نہ گزرا تھا
تب کہاں تھا
کہیں تو ہوگا
گزر گیا ہے
تو اب کہاں ہے
کہیں تو ہوگا
کہاں سے آیا کدھر گیا ہے
یہ کب سے کب تک کا سلسلہ ہے
یہ وقت کیا ہے

یہ واقعے
حادثے
تصادم
ہر ایک غم
اور ہر اک مسرت
ہر اک اذیّت
ہر ایک لذّت
ہر اک تبسم
ہر ایک آنسو
ہر ایک نغمہ
ہر ایک خوشبو

وہ زخم کا درد ہو
کہ لمس کا ہو جادو

خود اپنی آواز ہو کہ ماحول کی صدائیں
یہ ذہن میں بنتی اور بگڑتی ہوئی فضائیں
وہ فکر میں آئے زلزلے ہوں کہ دل کی ہلچل
تمام احساس
سارے جذبے
یہ جیسے پتّے ہیں
بہتے پانی کی سطح پر
جیسے تیرتے ہیں
ابھی یہاں ہیں
ابھی وہاں ہیں
اور اب ہیں اوجھل
دکھائی دیتا نہیں ہے لیکن
یہ کچھ تو ہے
جو کہ بہہ رہا ہے
یہ کیسا دریا ہے
کن پہاڑوں سے آ رہا ہے
یہ کس سمندر کو جا رہا ہے
یہ وقت کیا ہے
کبھی کبھی میں یہ سوچتا ہوں
کہ چلتی گاڑی سے پیڑ دیکھو
تو ایسا لگتا ہے
دوسری سمت جا رہے ہیں

مگر حقیقت میں
پیڑ اپنی جگہ کھڑے ہیں
تو کیا یہ ممکن ہے
ساری صدیاں
قطار اندر قطار اپنی جگہ کھڑی ہوں
یہ وقت ساکت ہو
اور ہم ہی گزر رہے ہوں
اِس ایک لمحے میں
سارے لمحے
تمام صدیاں چھپی ہوئی ہوں
نہ کوئی آئندہ
نہ گزشتہ
جو ہو چکا ہے
وہ ہو رہا ہے
جو ہونے والا ہے
ہو رہا ہے
میں سوچتا ہوں
کہ کیا یہ ممکن ہے
سچ یہ ہو
کہ سفر میں ہم ہیں
گزرتے ہم ہیں
جسے سمجھتے ہیں ہم
گزرتا ہے
وہ تھما ہے
گزرتا ہے یا تھما ہوا ہے

اِکائی ہے یا بٹا ہوا ہے
ہے منجمد
یا پگھل رہا ہے
کسے خبر ہے
کسے پتا ہے
یہ وقت کیا ہے

یہ کائناتِ عظیم
لگتا ہے
اپنی عظمت سے
آج بھی مطمئن نہیں ہے
کہ لمحہ لمحہ
وسیع تر اور وسیع تر ہوتی جا رہی ہے
یہ اپنی بانہیں پسارتی ہے
یہ کہکشاؤں کی انگلیوں سے
نئے خلاؤں کو چھو رہی ہے
اگر یہ سچ ہے
تو ہر تصور کی حد سے باہر
مگر کہیں پر
یقیناً ایسا کوئی خلاء ہے
کہ جس کو
اِن کہکشاؤں کی انگلیوں نے
اب تک چھوا نہیں ہے
خلاء
جہاں کچھ ہُوا نہیں ہے

خلاء

کہ جس نے کسی سے بھی ''کن'' سنا نہیں ہے
جہاں ابھی تک خُدا نہیں ہے
وہاں
کوئی وقت بھی نہ ہوگا
یہ کائناتِ عظیم
اک دن
چھوئے گی
اُس اَن چھوئے خلاء کو
اور اپنے سارے وجود سے
جب پکارے گی
''کُن''
تو وقت کو بھی جنم ملے گا
اگر جنم ہے تو موت بھی ہے
میں سوچتا ہوں
یہ سچ نہیں ہے
کہ وقت کی کوئی ابتدا ہے نہ اِنتہا ہے
یہ ڈور لمبی بہت ہے
لیکن
کہیں تو اِس ڈور کا سِرا ہے
ابھی یہ انساں اُلجھ رہا ہے
کہ وقت کے اِس قفس میں
پیدا ہوا
یہیں وہ پلا بڑھا ہے
مگر اُسے عِلم ہوگیا ہے

کہ وقت کے اِس قفس سے باہر بھی اک فضا ہے
تو سوچتا ہے
وہ پوچھتا ہے
یہ وقت کیا ہے

***

بَر وقت ایک اور خیال

خیال آتا ہے
جیسے بچوں کی آنکھ بادل میں
شیر اور ہاتھی دیکھتی ہے
بہت سے لوگوں نے
وقت میں بھی
شعور بینائی اور سماعت
کے وصف دیکھے
بہت سے لوگوں کی جستجو کے سفر کا انجام
اس عقیدے کی چھاؤں میں ہے
کہ وقت کہتے ہیں جس کو
دراصل وہ خدا ہے
مگر ہے جس کو تلاش سچ کی
بھٹک رہا ہے
یہ اک سوال
اس کے ذہن و دل میں
کھٹک رہا ہے
یہ وقت کیا ہے

***

دوراہا

اپنی بیٹی زویا کے نام

یہ جیون اک راہ نہیں
اک دوراہا ہے
پہلا رستہ
بہت سہل ہے
اِس میں کوئی موڑ نہیں ہے
یہ رستہ
اِس دنیا سے بے جوڑ نہیں ہے
اِس رستے پر ملتے ہیں
ریتوں کے آنگن
اِس رستے پر ملتے ہیں
رشتوں کے بندھن
اِس رستے پر چلنے والے
کہنے کو سب سکھ پاتے ہیں
لیکن
ٹکڑے ٹکڑے ہوکر
سب رشتوں میں بٹ جاتے ہیں
اپنے پلّے کچھ نہیں بچتا
بچتی ہے
بے نام سی اُلجھن
بچتا ہے
سانسوں کا ایندھن

جس میں اُن کی اپنی ہر پہچان
اور اُن کے سارے سپنے
جل بجھتے ہیں اِس رستے پر چلنے والے

خود کو کھو کر جگ پاتے ہیں
اوپر اوپر تو جیتے ہیں
اندر اندر مر جاتے ہیں

دوسرا رستہ
بہت کٹھن ہے
اِس رستے میں
کوئی کسی کے ساتھ نہیں ہے
کوئی سہارا دینے والا ہاتھ نہیں ہے
اِس رستے میں دھوپ ہے
کوئی چھاؤں نہیں ہے
جہاں تسلی بھیک میں دیدے کوئی کسی کو
اِس رستے میں
ایسا کوئی گاؤں نہیں ہے
یہ اُن لوگوں کا رستہ ہے
جو خود اپنے تک جاتے ہیں

اپنے آپ کو جو پاتے ہیں
تم اِس رستے پر ہی چلنا
مجھے پتا ہے
یہ رستہ آسان نہیں ہے

لیکن مجھ کو یہ غم بھی ہے
تم کو اب تک
کیوں اپنی پہچان نہیں ہے

***

شبانہ

یہ آئے دن کے ہنگامے
یہ جب دیکھو سفر کرنا
یہاں جانا وہاں جانا
اِسے ملنا اُسے ملنا
ہمارے سارے لمحے
ایسے لگتے ہیں
کہ جیسے ٹرین کے چلنے سے پہلے
ریلوے اسٹیشنوں پر
جلدی جلدی اپنے ڈبّے ڈھونڈتے
کوئی مسافر ہوں
جنھیں کب سانس بھی لینے کی مہلت ہے
کبھی لگتا ہے
تم کو مجھ سے مجھ کو تم سے ملنے کا
خیال آئے
کہاں اتنی بھی فرصت ہے

مگر جب سنگ دل دنیا مرا دل توڑتی ہے تو
کوئی اُمّید چلتے چلتے
جب منہ موڑتی ہے تو
کبھی کوئی خوشی کا پھول
جب اس دل میں کھلتا ہے
کبھی جب مجھ کو اپنے ذہن سے

کوئی خیال انعام ملتا ہے
کبھی جب اک تمنا پوری ہونے سے
یہ دل خالی سا ہوتا ہے
کبھی جب درد آ کے پلکوں پہ موتی پروتا ہے
تو یہ احساس ہوتا ہے
خوشی ہو غم ہو حیرت ہو
کوئی جذبہ ہو
اس میں جب کہیں اک موڑ آئے تو
وہاں پل بھر کو
ساری دنیا پیچھے چھوٹ جاتی ہے
وہاں پل بھر کو
اِس کٹھ پتلی جیسی زندگی کی
ڈوری ڈوری ٹوٹ جاتی ہے
مجھے اس موڑ پر
بس اک تمھاری ہی ضرورت ہے
مگر یہ زندگی کی خوبصورت اک حقیقت ہے
کہ میری راہ میں جب ایسا کوئی موڑ آیا ہے
تو ہر اُس موڑ پر میں نے
تمھیں ہمراہ پایا ہے

***

مری دُعا ہے

خلا کے گہرے سمندروں میں
اگر کہیں کوئی ہے جزیرہ
جہاں کوئی سانس لے رہا ہے
جہاں کوئی دل دھڑک رہا ہے
جہاں ذہانت نے عِلم کا جام پی لیا ہے
جہاں کے باسی
خلا کے گہرے سمندروں میں
اُتارنے کو ہیں اپنے بیڑے
تلاش کرنے کوئی جزیرہ
جہاں کوئی سانس لے رہا ہے
جہاں کوئی دل دھڑک رہا ہے
مری دعا ہے
کہ اُس جزیرے میں رہنے والوں کے جسم کا رنگ
اِس جزیرے میں رہنے والوں کے جسم کے جتنے رنگ ہیں
اُن سے مختلف ہو
بدن کی ہیئت بھی مختلف
اور شکل وصورت بھی مختلف ہو
مری دعا ہے
اگر ہے اُن کا بھی کوئی مذہب
تو اِس جزیرے کے مذہبوں سے مختلف ہو
مری دعا ہے

کہ اِس جزیرے کی سب زبانوں سے مختلف ہو زبان اُن کی
مری دعا ہے
خلا کے گہرے سمندروں سے گزر کے
اک دن
اُس اجنبی نسل کے جہازی
خلائی بیڑے میں
اِس جزیرے تک آئیں
ہم اُن کے میزباں ہوں
ہم اُن کو حیرت سے دیکھتے ہوں
وہ پاس آ کر
ہمیں اِشاروں سے یہ بتائیں
کہ اُن سے ہم اِتنے مختلف ہیں
کہ اُن کو لگتا ہے
اِس جزیرے کے رہنے والے
سب ایک سے ہیں
مری دعا ہے
کہ اِس جزیرے کے رہنے والے
اُس اجنبی نسل کے کہے کا یقین کر لیں

***

خدا حافظ

مجھے وہ دھند میں لپٹی ہوئی
معصوم صدیاں یاد آتی ہیں
کہ جب تم ہر جگہ تھے
ہر طرف تھے
ہر کہیں تھے تم
رہائش تھی تمھاری آسمانوں میں
زمیں کے بھی مکیں تھے تم
تمہیں تھے چاند اور سورج کے ملکوں میں
تمہیں تاروں کی نگری میں
ہواؤں میں
فضاؤں میں
دشاؤں میں
سلگتی دھوپ میں تم تھے
تمہیں تھے ٹھنڈی چھاؤں میں
تمہیں کھیتوں میں اُگتے تھے
تمہیں پیڑوں پہ پھلتے تھے
تمہیں بارش کی بوندوں میں
تمہیں ساری گھٹاؤں میں
ہر اک ساگر سے آگے تم تھے
ہر پربت کے اوپر تم
وباؤں میں
ہر اک سیلاب میں
سب زلزلوں میں

حادثوں میں بھی
رہا کرتے تھے چھپ کر تم
ہر اک آندھی میں
طوفاں میں
سمندر میں
بیاباں میں
ہر اک موسم ہر اک رُت میں
تمہیں ہر اک ستم میں تھے
تمہیں ہر اک کرم میں تھے
سبھی پاکیزہ ندیوں میں
مقدس آگ میں تم تھے
درندوں اور چرندوں
بچھوؤں میں ناگ میں تم تھے
سبھی کے ڈنک میں تم تھے
سبھی کے زہر میں تم تھے
جو انسانوں پہ آتے ہیں
ہر ایسے قہر میں تم تھے
مگر صدیوں کے تن سے لپٹی
دھند اب چھٹ رہی ہے
اب کہیں کچھ روشنی سی ہو رہی ہے
اور کہیں کچھ تیرگی سی گھٹ رہی ہے
یہ اُجالے صاف کہتے ہیں
نہ اب تم ہو وباؤں میں
نہ اب تم ہو گھٹاؤں میں
نہ بچھو میں نہ تو اب ناگ میں تم ہو

نہ آندھی اور طوفاں
اور نہ تو پاکیزہ ندیوں
اور مقدس آگ میں تم ہو

ادب ہے شرط
بس اتنا کہوں گا
تم نے شاید مجھ پہ ہے یہ مہربانی کی
میں اپنی علم کی مشعل لیے
پہنچا جہاں ہوں
میں نے دیکھا
تم نے ہے نقلِ مکانی کی
مگر اب بھی خلا کی وسعتوں میں تم ہی رہتے ہو
جسے کہتے ہیں قسمت
اصل میں
حالات کا بپھرا سمندر ہے
مگر اب تک یقینِ عام ہے
بن کے سمندر
تم ہی بہتے ہو
مجھے یہ ماننا ہوگا
وہاں تم ہو
جہاں یہ راز ہے پنہاں
کہ ایسی کائناتِ بیکراں کی ابتدا اور انتہا کیا ہے
وہاں تم ہو
جہاں یہ آگہی ہے
موت کے اس پردے کے پیچھے چھپا کیا ہے

ابھی کچھ دن وہاں رہ لو
مگر اتنا بتا دوں میں
اُدھر میں آنے والا ہوں

***

ہجر

کوئی شعر کہوں
یا دنیا کے کسی موضوع پر
میں کوئی نیا مضمون پڑھوں
یا کوئی انوکھی بات سنوں
کوئی بات
جو ہنسنے والی ہو
کوئی فقرہ

جو دلچسپ لگے
یا کوئی خیال اچھوتا سا
یا کہیں ملے
کوئی منظر
جو حیراں کر دے
کوئی لمحہ
جو دل کو چھو جائے
میں اپنے ذہن کے گوشوں میں
ان سب کو سنبھال کے رکھتا ہوں
اور سوچتا ہوں
جب مِلو گے
تم کو سناؤں گا

***

معمّہ

ہم دونوں جو حرف تھے
ہم اک روز مِلے
اک لفظ بنا
اور ہم نے اک معنی پائے
پھر جانے کیا ہم پر گزری
اور اب یوں ہے
تم اک حرف ہو
اک خانے میں
میں اک حرف ہوں
اک خانے میں
بیچ میں
کتنے لمحوں کے خانے خالی ہیں
پھر سے کوئی لفظ بنے
اور ہم دونوں اک معنی پائیں
ایسا ہو سکتا ہے
لیکن
سوچنا ہوگا
ان خانوں میں ہم کو بھرنا کیا ہے

***

بنجارہ

میں بنجارہ
وقت کے کتنے شہروں سے گزرا ہوں
لیکن
وقت کے اِس اک شہر سے جاتے جاتے مُڑ کے دیکھ رہا ہوں
سوچ رہا ہوں
تم سے میرا یہ ناتا بھی ٹوٹ رہا ہے
تم نے مجھ کو چھوڑا تھا جس شہر میں آ کے
وقت کا اب وہ شہر بھی مجھ سے چھوٹ رہا ہے
مجھ کو بِدا کرنے آئے ہیں
اِس نگری کے سارے باسی
وہ سارے دن
جن کے کندھے پر سوتی ہے
اب بھی تمہاری زُلف کی خوشبو
سارے لمحے
جن کے ماتھے پر ہیں روشن
اب بھی تمہاری لمس کا ٹیکا
نَم آنکھوں سے
گُم صُم مجھ کو دیکھ رہے ہیں
مجھ کو ان کے دُکھ کا پتا ہے
ان کو میرے غم کی خبر ہے
لیکن مجھ کو حکمِ سفر ہے
جانا ہوگا

وقت کے اگلے شہر مجھے اب جانا ہوگا

وقت کے اگلے شہر کے سارے باشندے
سب دن سب راتیں
جو تم سے ناواقف ہوں گے
وہ کب میری بات سُنیں گے
مجھ سے کہیں گے
جاؤ اپنی راہ لو راہی
ہم کو کتنے کام پڑے ہیں
جو بیتی سو بیت گئی
اب وہ باتیں کیوں دہراتے ہو
کندھے پر یہ جھولی رکھّے
کیوں پھرتے ہو کیا پاتے ہو
میں بے چارہ
اک بنجارہ
آوارہ پھرتے پھرتے جب تھک جاؤں گا
تنہائی کے ٹیلے پر جا کر بیٹھوں گا
پھر جیسے پہچان کے مجھ کو
اک بنجارہ جان کے مجھ کو
وقت کے اگلے شہر کے
سارے ننّھے منّے بھولے لمحے

ننگے پاؤں
دوڑے دوڑے بھاگے بھاگے آ جائیں گے
مجھ کو گھیر کے بیٹھے گے

اور مجھ سے کہیں گے
کیوں، بنجارے
تم تو وقت کے کتنے شہروں سے گزرے ہو
اُن شہروں کی کوئی کہانی ہمیں سُناؤ
ان سے کہوں گا ننھے لمحو!
ایک تھی رانی
سن کے کہانی
سارے ننّھے لمحے
غمگیں ہو کر مجھ سے یہ پوچھیں گے
تم کیوں اُن کے شہر نہ آئیں
لیکن اُن کو بہلا لوں گا
اُن سے کہوں گا
یہ مت پوچھو
آنکھیں موندو
اور یہ سوچو
تم ہوتیں تو کیسا ہوتا
تم یہ کہتیں
تم وہ کہتیں
تم اِس بات پہ حیراں ہوتیں
تم اُس بات پہ کتنی ہنستیں
تم ہوتیں تو ایسا ہوتا
تم ہوتیں تو ویسا ہوتا

دھیرے دھیرے
میرے سارے ننّھے لمحے

سو جائیں گے
اور میں
پھر ہولے سے اُٹھ کر
اپنی یادوں کی جھولی کندھے پر رکھ کر
پھر چل دوں گا

وقت کے اگلے شہر کی جانب
ننّھے لمحوں کو سمجھانے
بھولے لمحوں کو بہلانے
یہی کہانی پھر دہرانے
تم ہوتیں تو ایسا ہوتا
تم ہوتیں تو ویسا ہوتا

***

مونتاج

نیند کے بادلوں کے پیچھے سے
مسکراتا ہوا کوئی چہرہ
چہرے پہ بکھری ایک ریشمی لٹ
سرسراتا ہوا کوئی آنچل
اور دو آنکھیں حیراں حیراں سی

اک ملاقات
اک حسیں لمحہ
جھیل کا ٹھہرا ٹھہرا سا پانی
پیڑ پر چہچہاتی اک چڑیا
گھاس پر کھلتے ننھے ننھے پھول
خوبصورت لبوں پہ نرم سی بات

دوپہر ایک پیلی پیلی سی
برف سی ٹھنڈک ایک لہجے میں
ٹوٹا آئینہ
اُڑتے کچھ کاغذ
منہدم پُل
ادھوری ایک سڑک
کرچوں کرچوں بکھرتا اک منظر
پلکوں پر جھلملاتا اک آنسو
گہرا سناٹا شور کرتا ہوا
نیند کے بادلوں کے پیچھے سے

***

آثارِ قدیمہ

ایک پتھّر کی ادھوری مورت
چند تانبے کے پُرانے سکّے
کالی چاندی کے عجب سے زیور
اور کئی کانسے کے ٹوٹے برتن
ایک صحرا میں ملے
زیرِ زمیں
لوگ کہتے ہیں کہ صدیوں پہلے
آج صحرا ہے جہاں
وہیں ایک شہر ہوا کرتا تھا
اور مجھ کو یہ خیال آتا ہے
کسی تقریب
کسی محفل میں
سامنا تجھ سے مرا آج بھی ہو جاتا ہے
ایک لمحے کو
بس اک پل کے لیے
جسم کی آنچ
اُچٹتی سی نظر
سُرخ بندیا کی دمک
سرسراہٹ ترے ملبوس کی
بالوں کی مہک
بے خیالی میں کبھی
لمس کا ننھا سا پھول

اور پھر دور تک وہی صحرا
وہی صحرا کہ جہاں
کبھی اک شہر ہوا کرتا تھا

***

آؤ اور نہ سوچو

آؤ

اور نہ سوچو

سوچ کے کیا پاؤ گے

جتنا بھی سمجھے ہو

اُتنا پچھتائے ہو

جتنا بھی سمجھو گے

اُتنا پچھتاؤ گے

آؤ

اور نہ سوچو

سوچ کے کیا پاؤ گے

تم احساس کی جس منزل پر اب پہنچے ہو

وہ میری دیکھی بھالی ہے

جانے بھی دو

اس کا کب تک سوگ منانا

یہ دنیا

اندر سے اتنی کیوں کالی ہے

آؤ

کچھ اب جینے کا سامان کریں ہم

سچ کے ہاتھوں

ہم نے جو مشکل پائی ہے

جھوٹ کے ہاتھوں

وہ مشکل آسان کریں ہم

تم میری آنکھوں میں آنکھیں ڈال کے دیکھو
پھر میں تم سے
ساری جھوٹی قسمیں کھاؤں
پھر تم وہ ساری جھوٹی باتیں دہراؤ
جو سب کو اچھی لگتی ہیں
جیسے
وفا کرنے کی باتیں
جینے کی مرنے کی باتیں
ہم دونوں
یوں وقت گزاریں
میں تم کو کچھ خواب دکھاؤں
تم مجھ کو کچھ خواب دکھاؤ
جن کی
کوئی تعبیر نہیں ہو
جتنے دن یہ میل رہے گا
دیکھو اچھا کھیل رہے گا
اور
کبھی دل بھر جائے تو
کہہ دینا تم
بیت گیا ملنے کا موسم
آؤ
اور نہ سوچو
سوچ کے کیا پاؤ گے

***

بے گھر

شام ہونے کو ہے
لال سورج سمندر میں کھونے کو ہے
اور اُس کے پرے
کچھ پرندے
قطاریں بنائے
اُنہیں جنگلوں کو چلے
جن کے پیڑوں کی شاخوں پہ ہیں گھونسلے
یہ پرندے
وہیں لوٹ کر جائیں گے
اور سو جائیں گے
ہم ہی حیران ہیں
اِس مکانوں کے جنگل میں
اپنا کہیں بھی ٹھکانہ نہیں
شام ہونے کو ہے
ہم کہاں جائیں گے

***

کچّی بستی

گلیاں
اور گلیوں میں گلیاں
چھوٹے گھر
نیچے دروازے
ٹاٹ کے پردے
میلی بدرنگی دیواریں
دیواروں سے سر ٹکراتی
کوئی گالی
گلیوں کے سینے پر بہتی
گندی نالی
گلیوں کے ماتھے پر بہتا
آوازوں کا گندہ نالا
آوازوں کی بھیڑ بہت ہے
انسانوں کی بھیڑ بہت ہے
کڑوے اور کسیلے چہرے
بدحالی کے زہر سے ہیں زہریلے چہرے
بیماری سے پیلے چہرے
مرتے چہرے
ہارے چہرے
بے بس اور بے چارے چہرے
سارے چہرے
ایک پہاڑی کچرے کی

اور اُس پر پھرتے
آوارہ کتوں سے بچے
اپنا بچپن ڈھونڈ رہے ہیں

دن ڈھلتا ہے
اِس بستی میں رہنے والے
اوروں کی جنت کو اپنی محنت دے کر
اپنے جہنم کی جانب
اب تھکے ہوئے
جھنجھلائے ہوئے سے
لوٹ رہے ہیں
ایک گلی میں
زنگ لگے پیپے رکھے ہیں
کچی دارُو مہک رہی ہے
آج سویرے سے بستی میں
قتل وخوں کا
چاقو زنی کا
کوئی قصہ نہیں ہوا ہے
خیر
ابھی تو شام ہے
پوری رات پڑی ہے
یوں لگتا ہے
ساری بستی
جیسے اک دُکھتا پھوڑا ہے
یوں لگتا ہے

ساری بستی
جیسے ہے اک جلتا کڑھاؤ
یوں لگتا ہے
جیسے خدا نکڑّ پر بیٹھا
ٹوٹے پھوٹے انساں
اونے پونے داموں
بیچ رہا ہے

***

بھوک

آنکھ کھل گئی میری
ہو گیا میں پھر زندہ
پیٹ کے اندھیروں سے
ذہن کے دھندلکوں تک
ایک سانپ کے جیسا
رینگتا خیال آیا
آج تیسرا دن ہے............آج تیسرا دن ہے
اک عجیب خاموشی
منجمد ہے کمرے میں
ایک فرش اور اک چھت
اور چار دیواریں
مجھ سے بے تعلق سب
سب مرے تماشائی
سامنے کی کھڑکی سے
تیز دھوپ کی کرنیں
آ رہی ہیں بستر پر
چبھ رہی ہیں چہرے میں
اس قدر نکیلی ہیں
جیسے رشتہ داروں کے
طنز میری غربت پر
آنکھ کھل گئی میری
آج کھو کھلا ہوں میں

صرف کھول باقی ہے
آج میرے بستر میں
لیٹا ہے مراڈ ھانچہ
اپنی مردہ آنکھوں سے
دیکھتا ہے کمرے کو
آج تیسرا دن ہے
آج تیسرا دن ہے

دوپہر کی گرمی میں
بے ارادہ قدموں سے
اک سڑک پہ چلتا ہوں
تنگ سی سڑک پر ہیں
دونوں سمت دوکانیں
خالی خالی آنکھوں سے
ہر دکان کا تختہ
صرف دیکھ سکتا ہوں
اب پڑھا نہیں جاتا
لوگ آتے جاتے ہیں
پاس سے گزرتے ہیں
پھر بھی کتنے دھندلے ہیں
سب ہیں جیسے بے چہرہ
شور ان دکانوں کا راہ چلتی اک گالی
ریڈیو کی آوازیں
دور کی صدائیں ہیں
آ رہی ہیں میلوں سے

جو بھی سن رہا ہوں میں
جو بھی دیکھتا ہوں میں
خواب جیسا لگتا ہے
ہے بھی اور نہیں بھی ہے
دوپہر کی گرمی میں
بے ارادہ قدموں سے
اک سڑک پہ چلتا ہوں
سامنے کے نکڑ پر
نل دکھائی دیتا ہے
سخت کیوں ہے یہ پانی
کیوں گلے میں پھنستا ہے
میرے پیٹ میں جیسے
گھونسہ ایک لگتا ہے
آرہا ہے چکّر سا
جسم پر پسینہ ہے
اب سکت نہیں باقی
آج تیسرا دن ہے
آج تیسرا دن ہے

ہر طرف اندھیرا ہے
گھاٹ پر اکیلا ہوں
سیڑھیاں ہیں پتھر کی
سیڑھیوں پہ لیٹا ہوں
اب میں اٹھ نہیں سکتا
آسماں کو تکتا ہوں

آسماں کی تھالی میں
چاند ایک روٹی ہے
جھک رہی ہیں اب پلکیں
ڈوبتا ہے یہ منظر
ہے زمین گردش میں
میرے گھر میں چولھا تھا
روز کھانا پکتا تھا
روٹیاں سنہری ہیں
گرم گرم یہ کھانا
کھل نہیں رہیں آنکھیں
کیا میں مرنے والا ہوں
ماں عجیب تھی میری
روز اپنے ہاتھوں سے
مجھ کو وہ کھلاتی تھی
کون سرد ہاتھوں سے
چھو رہا ہے چہرے کو
اک نوالہ ہاتھی کا
اک نوالہ گھوڑے کا
اک نوالہ بھالو کا
موت ہے کہ بیہوشی
جو بھی ہے غنیمت ہے
آج تیسرا دن تھا..............آج تیسرا دن تھا

***

صبح کی گوری

رات کی کالی چادر اوڑھے
منہ کو لپیٹے
سوئی ہے کب سے
روٹھ کے سب سے
صبح کی گوری
آنکھ نہ کھولے
منہ سے نہ بولے
جب سے کسی نے
کر لی ہے سورج کی چوری
آؤ
چل کے سورج ڈھونڈیں
اور نہ ملے تو
کرن کرن پھر جمع کریں ہم
اور اک سورج نیا بنائیں
سوئی ہے کب سے صبح کی گوری
اُسے جگائیں
اُسے منائیں

***

''مدر تھریسا''

اے ماں تھریسا
مجھ کو تیری عظمت سے اِنکار نہیں ہے
جانے کتنے
سُوکھے لب اور ویراں آنکھیں
جانے کتنے
تھکے بدن اور زخمی رُوحیں
کوڑا گھر میں روٹی کا اک ٹکڑا ڈھونڈتے ننگے بچّے
فٹ پاتھوں پر گلتے سڑتے بُڈّھے کوڑھی

جانے کتنے
بے گھر، بے در، بے کس انساں
جانے کتنے
ٹوٹے ، کچلے ، بے بس انساں
تیری چھاؤں میں
جینے کی ہمّت پاتے ہیں
اِن کو اپنے ہونے کی جو سزا ملی ہے
اُس ہونے کی سزا سے
تھوڑی سی ہی سہی
مہلت پاتے ہیں
تیرا لمس مسیحا ہے
اور تیرا کرم ہے ایک سمندر
جس کا کوئی پار نہیں ہے

اے ماں تھریسا
مجھ کو تیری عظمت سے اِنکار نہیں ہے

میں ٹھہرا خود غرض
بس اک اپنی ہی خاطر جینے والا
میں تجھ سے کس منہ سے پوچھوں
تو نے کبھی یہ کیوں نہیں پوچھا
کِس نے اِن بدحالوں کو بدحال کیا ہے
تو نے کبھی یہ کیوں نہیں سوچا
کونسی طاقت
اِنسانوں سے جینے کا حق چھین کے
اُن کو فٹ پاتھوں اور کوڑا گھروں تک پہنچاتی ہے
تو نے کبھی یہ کیوں نہیں دیکھا
وہی نظامِ زَر
جس نے اِن بھُوکوں سے روٹی چھینی ہے
ترے کہنے پر
بھُوکوں کے آگے
کچھ ٹکڑے ڈال رہا ہے
تو نے کبھی یہ کیوں نہیں چاہا
ننگے بچّے
بڈّھے کوڑھی
بے بس اِنساں
اس دُنیا سے
اپنے جینے کا حق مانگیں
جینے کی خیرات نہ مانگیں

ایسا کیوں ہے
اک جانب مظلوم سے تجھ کو ہمدردی ہے
دوسری جانب ظالم سے بھی عار نہیں ہے
لیکن سچ ہے
ایسی باتیں
میں تجھ سے کس منہ سے پوچھوں
پوچھوں گا تو
مجھ پر بھی وہ ذمّے داری آجائے گی
جس سے میں بچتا آیا ہوں
بہتر ہے خاموش رہوں میں
اور اگر کچھ کہنا ہو تو
یہی کہوں میں

اے ماں تھریسا
مجھ کو تیری عظمت سے اِنکار نہیں ہے

***

یہ کھیل کیا ہے

مرے مخالف نے چال چل دی ہے
اوراب
میری چال کے انتظار میں ہے
مگر میں کب سے
سفید خانوں
سیاہ خانوں میں رکھے
کالے سفید مہروں کو دیکھتا ہوں
میں سوچتا ہوں
یہ مہرے کیا ہیں
اگر میں سمجھوں
کہ یہ جو مہرے ہیں
صرف لکڑی کے ہیں کھلونے
تو جیتنا کیا ہے ہارنا کیا
نہ یہ ضروری
نہ وہ اہم ہے
اگر خوشی ہے نہ جیتنے کی
نہ ہارنے کا ہی کوئی غم ہے
تو کھیل کیا ہے
میں سوچتا ہوں
جو کھیلنا ہے
تو اپنے دل میں یقین کرلوں
یہ مہرے سچ مچ کے بادشاہ و وزیر
سچ مچ کے ہیں پیادے

اور اِن کے آگے ہے
دشمنوں کی وہ فوج
رکھتی ہے جو کہ مجھ کو تباہ کرنے کے
سارے منصوبے
سب ارادے
مگر میں ایسا جو مان بھی لوں
تو سوچتا ہوں
یہ کھیل کب ہے
یہ جنگ ہے جس کو جیتنا ہے
یہ جنگ ہے جس میں سب ہے جائز
کوئی یہ کہتا ہے جیسے مجھ سے
یہ جنگ بھی ہے
یہ کھیل بھی ہے
یہ جنگ ہے پر کھلاڑیوں کی
یہ کھیل ہے جنگ کی طرح کا
میں سوچتا ہوں
جو کھیل ہے
اس میں اِس طرح کا اُصول کیوں ہے
کہ کوئی مہرہ رہے کہ جائے
مگر جو ہے بادشاہ
اُس پر کبھی کوئی آنچ بھی نہ آئے
وزیر ہی کو ہے بس اجازت
کہ جس طرف بھی وہ چاہے جائے
میں سوچتا ہوں
جو کھیل ہے

اس میں اِس طرح کا اُصول کیوں ہے
پیادہ جو اپنے گھر سے نکلے
پلٹ کے واپس نہ جانے پائے
میں سوچتا ہوں
اگر یہی ہے اُصول
تو پھر اُصول کیا ہے
اگر یہی ہے یہ کھیل
تو پھر یہ کھیل کیا ہے
میں اِن سوالوں سے جانے کب سے اُلجھ رہا ہوں
مرے مخالف نے چال چل دی ہے
اور اب میری چال کے انتظار میں ہے

***

کائنات

میں کتنی صدیوں سے تک رہا ہوں
یہ کائنات اور اس کی وسعت
تمام حیرت تمام حیرت
یہ کیا تماشا یہ کیا سماں ہے
یہ کیا عیاں ہے یہ کیا نہاں ہے
اتھاہ ساگر ہے اک خلا کا
نجانے کب سے نجانے کب تک
کہاں تلک ہے
ہماری نظروں کی انتہا ہے
جسے سمجھتے ہیں ہم فلک ہے
یہ رات کا چھلنی چھلنی سا کالا آسماں ہے
کہ جس میں جگنو کی شکل میں
بے شمار سورج پگھل رہے ہیں
شہابِ ثاقب ہیں
یا ہمیشہ کی ٹھنڈی کالی فضاؤں میں
جیسے آگ کے تیر چل رہے ہیں
کرورہا نوری برسوں کے فاصلوں میں پھیلی
یہ کہکشائیں
خلا کو گھیرے ہیں
یا خلاؤں کی قید میں ہیں
یہ کون کس کو لیے چلا ہے
ہر ایک لمحہ
کروروں میلوں کی جو مسافت ہے

اِن کو آخر کہاں ہے جانا
اگر ہے اِن کا کہیں کوئی آخری ٹھکانا
تو وہ کہاں ہے
جہاں کہیں ہے
سوال یہ ہے
وہاں سے آگے کوئی زمیں ہے
کوئی فلک ہے
اگر نہیں ہے
تو یہ ''نہیں'' کتنی دور تک ہے

میں کتنی صدیوں سے تک رہا ہوں
یہ کائنات اور اِس کی وسعت
تمام حیرت تمام حیرت
ستارے جن کی سفیر کرنیں
کروروں برسوں سے راہ میں ہیں
زمیں سے ملنے کی چاہ میں ہیں
کبھی تو آ کے کریں گی یہ میری آنکھیں روشن
کبھی تو آئے گا میرے ہاتھوں میں روشنی کا اک ایسا دامن
کہ جس کو تھامے میں جا کے دیکھوں گا ان خلاؤں کے
پھیلے آنگن
کبھی تو مجھ کو یہ کائنات اپنے راز کھل کے
سنا ہی دے گی
یہ اپنا آغاز اپنا انجام
مجھ کو اک دن بتا ہی دے گی
اگر کوئی واعظ اپنے منبر سے

نخوت آمیز لہجے میں یہ کہے
کہ تم تو کبھی سمجھ ہی نہیں سکو گے
کہ اِس قدر ہے یہ بات گہری
تو کوئی پوچھے
جو میں نہ سمجھا
تو کون سمجھے گا
اور جس کو کبھی نہ کوئی سمجھ سکے
ایسی بات تو پھر فضول ٹھہری

***

آرزو کے مسافر

جانے کس کی تلاش اُن کی آنکھوں میں تھی
آرزو کے مسافر
بھٹکتے رہے
جتنا بھی وہ چلے
اُتنے ہی بچھ گئے
راہ میں فاصلے
خواب منزل تھے
اور منزلیں خواب تھیں
راستوں سے نکلتے رہے راستے
جانے کس واسطے
آرزو کے مسافر بھٹکتے رہے
جن پہ سب چلتے ہیں
ایسے سب راستے چھوڑ کے
ایک انجان پگڈنڈی کی اُنگلی تھامے ہوئے
اک ستارے سے
اُمّید باندھے ہوئے سمت کی
ہر گماں کو یقیں مان کے
اپنے دل سے
کوئی دھوکہ کھاتے ہوئے جان کے
صحرا صحرا
سمندر کو وہ ڈھونڈتے
کچھ سرابوں کی جانب
رہے گامزن

یوں نہیں تھا
کہ اُن کو خبر ہی نہ تھی
یہ سمندر نہیں
لیکن اُن کو کہیں
شاید احساس تھا
یہ فریب
اُن کو محوِ سفر رکھّے گا
یہ سبب تھا
کہ تھا اور کوئی سبب
جو لیے ان کو پھرتا رہا
منزلوں منزلوں
راستے راستے
جانے کس واسطے
آرزو کے مسافر بھٹکتے رہے

اکثر ایسا ہوا
شہر در شہر
اور بستی بستی
کسی بھی دریچے میں
کوئی چراغِ محبت نہ تھا
بے رخی سے بھری
ساری گلیوں میں
سارے مکانوں کے
دروازے یوں بند تھے
جیسے اک سرد

خاموش لہجے میں
وہ کہہ رہے ہوں
مروّت کا اور مہربانی کا مسکن
کہیں اور ہوگا
یہاں تو نہیں ہے
یہی ایک منظر سمیٹے تھے
شہروں کے پتھریلے سب راستے
جانے کس واسطے
آرزو کے مسافر بھٹکتے رہے

اور کبھی یوں ہوا
آرزو کے مسافر تھے
جلتی سلگتی ہوئی دھوپ میں
کچھ درختوں نے سائے بچھائے مگر
اُن کو ایسا لگا
سائے میں جو سکون
اور آرام ہے
منزلوں تک پہنچنے نہ دے گا اُنھیں
اور یوں بھی ہوا
مہکی کلیوں نے خوشبو کے پیغام بھیجے اُنھیں
اُن کو ایسا لگا
چند کلیوں پہ کیسے قناعت کریں
اُن کو تو ڈھونڈنا ہے
وہ گلشن کہ جس کو
کسی نے ابھی تک ہے دیکھا نہیں

جانے کیوں تھا انھیں اِس کا پورا یقیں
دیر ہو یا سویر اُن کو لیکن کہیں
ایسے گلشن کے مل جائیں گے راستے
جانے کس واسطے
آرزو کے مسافر بھٹکتے رہے

دھوپ ڈھلنے لگی
بس ذرا دیر میں رات ہو جائے گی
آرزو کے مسافر جو ہیں
اُن کے قدموں تلے
جو بھی اک راہ ہے
وہ بھی شاید اندھیرے میں کھو جائے گی
آرزو کے مسافر بھی
اپنے تھکے ہارے بے جان پیروں پہ
کچھ دیر تک لڑکھڑائیں گے
اور گر کے سو جائیں گے
صرف سنّاٹا سوچے گا یہ رات بھر
منزلیں تو اِنھیں جانے کتنی ملیں
یہ مگر
منزلوں کو سمجھتے رہے جانے کیوں راستے
جانے کس واسطے
آرزو کے مسافر بھٹکتے رہے

اور پھر اک سویرے کی اُجلی کرن
تیرگی چیر کے

جگمگا دے گی
جب اَن گنت رہگزاروں پہ بکھرے ہوئے
اُن کے نقشِ قدم
عافیت گاہوں میں رہنے والے
یہ حیرت سے مجبور ہو کر کہیں گے
یہ نقشِ قدم صرف نقشِ قدم ہی نہیں
یہ تو دریافت ہیں
یہ تو ایجاد ہیں
یہ تو افکار ہیں
یہ تو اشعار ہیں
یہ کوئی رقص ہیں
یہ کوئی راگ ہیں
اُن سے ہی تو ہیں آراستہ
ساری تہذیب و تاریخ کے
وقت کے
زندگی کے سبھی راستے

وہ مسافر مگر
جانتے بوجھتے بھی رہے بے خبر
جس کو چھو لیں قدم
وہ تو بس راہ تھی
اُن کی منزل دگر تھی
الگ چاہ تھی
جو نہیں مل سکے اس کی تھی آرزو
جو نہیں ہے کہیں اس کی تھی جستجو

شاید اس واسطے
آرزو کے مسافر بھٹکتے رہے

***

میلے

باپ کی اُنگلی تھامے
اک ننھا سا بچہ
پہلے پہل میلے میں گیا تو
اپنی بھولی بھالی
کنچوں جیسی آنکھوں سے
اک دنیا دیکھی
یہ کیا ہے اور وہ کیا ہے
سب اُس نے پوچھا
باپ نے جھک کر
کتنی ساری چیزوں اور کھیلوں کا
اُس کو نام بتایا
نٹ کا
بازی گر کا
جادوگر کا
اُس کو کام بتایا
پھر وہ گھر کی جانب لوٹے
گود کے جھولے میں
بچے نے باپ کے کندھے پر سر رکھا
باپ نے پوچھا
نیند آتی ہے

وقت بھی ایک پرندہ ہے
اُڑتا رہتا ہے
گاؤں میں پھر میلا آیا

بوڑھے باپ نے کانپتے ہاتھوں سے
بیٹے کی بانہہ کو تھاما
اور بیٹے نے
یہ کیا ہے اور وہ کیا ہے
جتنا بھی بن پایا
سمجھایا
باپ نے بیٹے کے کندھے پر سر رکھا
بیٹے نے پوچھا
نیند آتی ہے
باپ نے مڑ کے
یاد کی پگڈنڈی پر چلتے
بیتے ہوئے
سب اچھے برے
اور کڑوے میٹھے
لمحوں کے پیروں سے اُڑتی
دھول کو دیکھا
پھر
اپنے بیٹے کو دیکھا
ہونٹوں پر
اک ہلکی سی مسکان آئی
ہولے سے بولا
ہاں!
مجھ کو اب نیند آتی ہے ***

جہنّمی

میں اکثر سوچتا ہوں
ذہن کی تاریک گلیوں میں
دہکتا اور پگھلتا
دھیرے دھیرے آگے بڑھتا
غم کا یہ لاوا
اگر چاہوں
تو رک سکتا ہے
میرے دل کی کچی کھال پر رکھا یہ انگارا
اگر چاہوں
تو بُجھ سکتا ہے
لیکن
پھر خیال آتا ہے
میرے سارے رشتوں میں
پڑی ساری دراروں سے
گزر کے آنے والی برف سے ٹھنڈی ہوا
اور میری ہر پہچان پر سردی کا یہ موسم
کہیں ایسا نہ ہو
اِس جسم کو اِس روح کو منجمد کر دے
میں اکثر سوچتا ہوں
ذہن کی تاریک گلیوں میں
دہکتا اور پگھلتا
دھیرے دھیرے آگے بڑھتا

غم کا یہ لاوا
اذیّت ہے
مگر پھر بھی غنیمت ہے
اِسی سے رُوح میں گرمی
بدن میں یہ حرارت ہے
یہ غم میری ضرورت ہے
میں اپنے غم سے زندہ ہوں

***

پرستار

وہ جو کہلاتا تھا دیوانہ ترا
وہ جسے حفظ تھا افسانہ ترا
جس کی دیواروں پہ آویزاں تھیں
تصویریں تری
وہ جو دہراتا تھا
تقریریں تری
وہ جو خوش تھا تری خوشیوں سے
ترے غم سے اداس
دور رہ کے جو سمجھتا تھا
وہ ہے تیرے پاس
وہ جسے، سجدہ تجھے کرنے سے انکار نہ تھا
اُس کو دراصل کبھی تجھ سے
کوئی پیار نہ تھا
اُس کی مشکل تھی
کہ دشوار تھے اُس کے رستے
جن پہ بے خوف وخطر
گھومتے رہزن تھے
سدا اُس کی انا کے درپے
اُس نے گھبرا کے
سب اپنی انا کی دولت
تیری تحویل میں رکھوادی تھی
اپنی ذلت کو وہ دنیا کی نظر
اور اپنی بھی نگاہوں سے چھپانے کے لیے

کامیابی کو تری
تیری فتوحات
تری عزت کو
وہ ترے نام تری شہرت کو
اپنے ہونے کا سبب جانتا تھا
ہے وجود اُس کا جدا تجھ سے
یہ کب مانتا تھا
وہ مگر
پُرخطر راستوں سے آج نکل آیا ہے
وقت نے تیرے برابر نہ سہی
کچھ نہ کچھ اپنا کرم اُس پہ بھی فرمایا ہے
اب اسے تیری ضرورت ہی نہیں
جس کا دعویٰ تھا کبھی
اب وہ عقیدت ہی نہیں
تیری تحویل میں جو رکھّی تھی کل
اُس نے انا
آج وہ مانگ رہا ہے واپس
بات اتنی سی ہے
اے صاحبِ نام وشہرت
جس کو کل
تیرے خدا ہونے سے انکار نہ تھا
وہ کبھی تیرا پرستار نہ تھا

***

ایک شاعر دوست سے

گھر میں بیٹھے ہوئے کیا لکھتے ہو
باہر نکلو
دیکھو کیا حال ہے دنیا کا
یہ کیا عالم ہے
سونی آنکھیں ہیں
سبھی خوشیوں سے خالی جیسے
آؤ ان آنکھوں میں خوشیوں کی چمک ہم لکھ دیں
یہ جو ماتھے ہیں
اداسی کی لکیروں کے تلے
آؤ ان ماتھوں پہ قسمت کی دمک ہم لکھ دیں
چہروں سے گہری یہ مایوسی مٹا کے
آؤ
ان پہ اُمّید کی اک اجلی کرن ہم لکھ دیں
دور تک جو ہمیں ویرانے نظر آتے ہیں
آؤ ویرانوں پر اب ایک چمن ہم لکھ دیں
لفظ در لفظ سمندر سا بہے
موج بہ موج
بحرِ نغمات میں
ہر کوہِ ستم حل ہو جائے
دنیا دنیا نہ رہے ایک غزل ہو جائے

***

عجیب قصہ ہے

عجیب قصہ ہے
جب یہ دنیا سمجھ رہی تھی
تم اپنی دنیا میں جی رہی ہو
میں اپنی دنیا میں جی رہا ہوں
تو ہم نے ساری نگاہوں سے دور
ایک دنیا بسائی تھی
جو کہ میری بھی تھی
تمہاری بھی تھی
جہاں فضاؤں میں
دونوں کے خواب جاگتے تھے
جہاں ہواؤں میں
دونوں کی سرگوشیاں گھلی تھیں
جہاں کے پھولوں میں
دونوں کی آرزو کے سب رنگ
کھِل رہے تھے
جہاں پہ دونوں کی جرأتوں کے
ہزار چشمے اُبل رہے تھے
نہ وَسوَسے تھے نہ رنج و غم تھے
سکون کا گہرا اک سمندر تھا
اور ہم تھے

عجیب قصہ ہے

ساری دنیا نے
جب یہ جانا
کہ ہم نے ساری نگاہوں سے دور
ایک دنیا بسائی ہے تو
ہر ایک ابرو نے جیسے، ہم پر کمان تانی
تمام پیشانیوں پہ اُبھریں
غم اور غصے کی گہری شکنیں
کسی کے لہجے سے تلخی چھلکی
کسی کی باتوں میں تُرشی آئی
کسی نے چاہا
کہ کوئی دیوار ہی اُٹھا دے
کسی نے چاہا
ہماری دنیا ہی وہ مٹا دے
مگر زمانے کو ہارنا تھا
زمانہ ہارا
یہ ساری دنیا کو ماننا ہی پڑا
ہمارے خیال کی ایک سی زمیں ہے
ہمارے خوابوں کا ایک جیسا ہی آسماں ہے
مگر پرانی یہ داستاں ہے
کہ ہم پہ دنیا
اب ایک عرصے سے مہرباں ہے
عجیب قصہ ہے
جب کہ دنیا نے کب کا تسلیم کر لیا ہے
ہم ایک دنیا کے رہنے والے ہیں
سچ تو یہ ہے

تم اپنی دنیا میں جی رہی ہو
میں اپنی دنیا میں جی رہا ہوں

***

بیمار کی رات

درد بے رحم ہے
جلاّد ہے درد
درد کچھ کہتا نہیں
سنتا نہیں
درد بس ہوتا ہے
درد کا مارا ہوا
روندا ہوا
جسم تو اب ہار گیا
روح ضِدّی ہے
لڑے جاتی ہے
ہانپتی
کانپتی
گھبرائی ہوئی
درد کے زور سے
تھرّائی ہوئی
جسم سے لپٹی ہے
کہتی ہے
نہیں چھوڑوں گی
موت
چوکھٹ پہ
کھڑی ہے کب سے
صبر سے دیکھ رہی ہے اُس کو

آج کی رات
نہ جانے کیا ہو

***

غم بِکتے ہیں

غم بکتے ہیں
بازاروں میں
غم کافی مہنگے بکتے ہیں
لہجے کی دوکان اگر چل جائے تو
جذبے کے گاہک
چھوٹے بڑے ہر غم کے کھلونے
منہ مانگی قیمت پہ خریدیں
میں نے
ہمیشہ اپنے غم اچھے داموں بیچے ہیں
لیکن
جو غم مجھ کو آج ملا ہے
کسی دُکاں پر رکھنے کے قابل ہی نہیں ہے
پہلی بار میں شرمندہ ہوں
یہ غم بیچ نہیں پاؤں گا

***

شکست

سیاہ ٹیلے پہ تنہا کھڑا وہ سنتا ہے
فضا میں گونجتی اپنی شکست کی آواز
نگہ کے سامنے
میدانِ کارزارِ جہاں
جیالے خوابوں کے پامال اور زخمی بدن
پڑے ہیں بکھرے ہوئے چاروں سمت
بے ترتیب
بہت سے مر چکے

اور جن کی سانس چلتی ہے
سِسک رہے ہیں
کسی لمحہ مرنے والے ہیں
یہ اُس کے خواب
یہ اُس کی سپاہ
اُس کے جری
چلے تھے گھر سے تو کتنی زمین جیتی تھی
جھکائے کتنے تھے مغرور بادشاہوں کے سر
فصیلیں ٹوٹ کے گر کے سلام کرتی تھیں
پہنچنا شرط تھی تھرّا کے آپ کھلتے تھے
تمام قلعوں کے دروازے
سارے محلوں کے در
نظر میں اُن دنوں منظر بہت سجیلا تھا
زمیں سنہری تھی
اور آسمان نیلا تھا

مگر تھی خوابوں کے لشکر میں کِس کو اِس کی خبر
ہر ایک قصّے کا اک اِختتام ہوتا ہے
ہزار لکھ دے کوئی فتح ذرّے ذرّے پر
مگر شکست کا بھی اک مقام ہوتا ہے
اُفق پہ چیونٹیاں رینگیں
غنیم فوجوں نے
وہ دیکھتا ہے
کہ تازہ کُمک بلائی ہے
شکاری نِکلے ہیں اسکے شکار کی خاطر
زمین کہتی ہے
یہ نرغہ تنگ ہونے کو ہے
ہوائیں کہتی ہیں
اب واپسی کا موسم ہے
پہ واپسی کا کہاں راستہ بنایا تھا
جب آ رہا تھا کہاں یہ خیال آیا تھا
پلٹ کے دیکھتا ہے
سامنے سمندر ہے
کنارے کچھ بھی نہیں
صرف ایک راکھ کا ڈھیر
یہ اُس کی کشتی ہے
کل اُس نے خود جلائی تھی

قریب آنے لگیں قاتلوں کی آوازیں
سیاہ ٹیلے پہ تنہا کھڑا وہ سنتا ہے ***

دِل

دل وہ صحرا تھا
کہ جس صحرا میں
حسرتیں
ریت کے ٹیلوں کی طرح رہتی تھیں
جب حوادث کی ہوا
ان کو مٹانے کے لیے
چلتی تھی
یہاں مٹتی تھیں
کہیں اور اُبھر آتی تھیں
شکل کھوتے ہی
نئی شکل میں ڈھل جاتی تھیں
دل کے صحرا پہ مگر اب کی بار
سانحہ گزرا کچھ ایسا
کہ سنائے نہ بنے
آندھی وہ آئی کہ سارے ٹیلے
ایسے بکھرے
کہ کہیں اور اُبھر ہی نہ سکے
یوں مٹے ہیں
کہ کہیں اور بنائے نہ بنے
اب کہیں
ٹیلے نہیں
ریت نہیں
ریت کا ذرّہ نہیں

دل میں اب کچھ بھی نہیں
دل کو صحرا بھی اگر کہیے
تو کیسے کہیے

***

جرم اور سزا

ہاں گنہ گار ہوں میں
جو سزا چاہے عدالت دیدے
آپ کے سامنے سرکار ہوں میں
مجھ کو اقرار
کہ میں نے اک دن
خود کو نیلام کیا
اور راضی بہ رضا
سرِ بازار، سرِ عام کیا
مجھ کو قیمت بھی بہت خوب ملی تھی لیکن
میں نے سودے میں خیانت کرلی
یعنی
کچھ خواب بچا کر رکھے
میں نے سوچا تھا
کسے فرصت ہے
جو مری رُوح مری دل کی تلاشی لے گا
میں نے سوچا تھا
کسے ہوگی خبر
کتنا نادان تھا میں
خواب
چھپ سکتے ہیں کیا
روشنی
مٹھّی میں رک سکتی ہے کیا

وہ جو ہونا تھا
ہوا

آپ کے سامنے سرکار ہوں میں
جو سزا چاہے عدالت دیدے
فیصلہ سننے کو تیار ہوں میں
ہاں گنہگار ہوں میں
فیصلہ یہ ہے عدالت کا
ترے سارے خواب
آج سے تیرے نہیں ہیں مجرم
ذہن کے سارے سفر
اور ترے دل کی پرواز
جسم میں بہتے لہو کے نغمے
روح کا ساز
سماعت آواز
آج سے تیرے نہیں ہیں مجرم

وصل کی ساری حدیثیں
غمِ ہجراں کی کتاب
تیری یادوں کے گلاب
تیرا احساس
تری فکر و نظر
تیری سب ساعتیں
سب لمحے ترے
روز و شب شام و سحر
آج سے تیرے نہیں ہیں مجرم

89

یہ تو انصاف ہوا تیرے خریداروں سے
اور اب تیری سزا
تجھے مرنے کی اجازت نہیں
جینا ہوگا

***

فساد سے پہلے

آج اِس شہر میں
ہر شخص ہراساں کیوں ہے
چہرے
کیوں فق ہیں
گلی کوچوں میں
کِس لئے چلتی ہے
خاموش و سراسیمہ ہَوا
آشنا آنکھوں پہ بھی
اجنبیّت کی یہ باریک سی جھلّی کیوں ہے
شہر
سنّاٹے کی زنجیروں میں
جکڑا ہوا ملزم سا نظر آتا ہے
اِکّا دُکّا
کوئی رہگیر گزر جاتا ہے
خوف کی گرد سے
کیوں دھندلا ہے سارا منظر
شام کی روٹی کمانے کے لیے
گھر سے نکلے تو ہیں کچھ لوگ مگر
مڑ کے کیوں دیکھتے ہیں گھر کی طرف
آج
بازار میں بھی
جانا پہچانا سا وہ شور نہیں
سب یوں چلتے ہیں کہ جیسے

یہ زمیں کانچ کی ہے
ہر نظر
نظروں سے کتراتی ہے
بات
کُھل کر نہیں ہو پاتی ہے
سانس روکے ہوئے
ہر چیز نظر آتی ہے
آج
یہ شہر اک سہمے ہوئے بچّے کی طرح
اپنی پرچھائیں سے بھی ڈرتا ہے
جنتری دیکھو
مجھے لگتا ہے
آج تیوہار کوئی ہے شاید

***

فساد کے بعد

گھرا سنّاٹا ہے
کچھ مکانوں سے خاموش اُٹھتا ہوا
گاڑھا کالا دھواں
میل دل میں لیے
ہر طرف دور تک پھیلتا جاتا ہے
گھرا سنّاٹا ہے
لاش کی طرح بے جان ہے راستہ
ایک ٹوٹا ہوا ٹھیلا
اُلٹا پڑا
اپنے پہیے ہوا میں اُٹھائے ہوئے
آسمانوں کو حیرت سے تکتا ہے
جیسے کہ جو بھی ہوا
اُس کا اب تک یقیں اِس کو آیا نہیں
گھرا سنّاٹا ہے
ایک اُجڑی دُکاں
چیخ کے بعد مُنھ
جو کھُلا کا کھُلا رہ گیا
اپنے ٹوٹے کواڑوں سے وہ
دور تک پھیلے
چوڑی کے ٹکڑوں کو
حسرت زدہ نظروں سے دیکھتی ہے
کہ کل تک یہی شیشے

اِس پوپلے کے مُنہ میں
سورنگ کے دانت تھے
گہرا سناٹا ہے
گہرے سناٹے نے اپنے منظر سے یوں بات کی
سن لے اجڑی دکاں
اے سلگتے مکاں
ٹوٹے ٹھیلے
تمہیں بس نہیں ہوا کیلے
یہاں اور بھی ہیں
جو غارت ہوئے ہیں
ہم اِن کا بھی ماتم کریں گے
مگر پہلے اُن کو تو رولیں
کہ جو لُوٹنے آئے تھے
اور خود لُٹ گئے
کیا لُٹا
اس کی اُن کو خبر ہی نہیں
کم نظر ہیں
کہ صدیوں کی تہذیب پر
اُن بیچاروں کی کوئی نظر ہی نہیں

***

ہمسائے کے نام

کچھ تم نے کہا
کچھ میں نے کہا
اور بڑھتے بڑھتے بات بڑھی
دل اوب گیا
دن ڈوب گیا
اور گہری کالی رات بڑھی

تم اپنے گھر
میں اپنے گھر
سارے دروازے بند کیے
بیٹھے ہیں کڑوے گھونٹ پیے
اوڑھے ہیں غصے کی چادر
کچھ تم سوچو
کچھ میں سوچوں
کیوں اونچی ہیں یہ دیواریں
کب تک ہم اِن پر سر ماریں
کب تک یہ اندھیرے رہنے ہیں
کینہ کے یہ گھیرے رہنے ہیں
چلو اپنے دروازے کھولیں
اور گھر سے باہر آئیں ہم
دل ٹھہرے جہاں ہیں برسوں سے
وہ اک نکڑ ہے نفرت کا

کب تک اس نکڑ پر ٹھہریں
اب اس سے آگے جائیں ہم
بس تھوڑی دور اک دریا ہے
جہاں ایک اُجالا بہتا ہے
واں لہروں لہروں ہیں کرنیں
اور کرنوں کرنوں ہیں لہریں
اُن کرنوں میں
اُن لہروں میں
ہم دل کو خوب نہانے دیں
سینوں میں جو اک پتھر ہے
اُس پتھر کو گھل جانے دیں
دل کے اک کونے میں بھی چھپی
گر تھوڑی سی بھی نفرت ہے
اُس نفرت کو ڈھل جانے دیں
دونوں کی طرف سے جس دن بھی
اظہار ندامت کا ہوگا
تب جشن محبت کا ہوگا

***

عجیب آدمی تھا وہ
(کیفی صاحب)

عجیب آدمی تھا وہ
محبتوں کا گیت تھا
بغاوتوں کا راگ تھا
کبھی وہ صرف پھول تھا
کبھی وہ صرف آگ تھا
عجیب آدمی تھا وہ

وہ مفلسوں سے کہتا تھا
کہ دن بدل بھی سکتے ہیں
وہ جابروں سے کہتا تھا
تمہارے سر پہ سونے کے جو تاج ہیں
کبھی پگھل بھی سکتے ہیں
وہ بندشوں سے کہتا تھا
میں تم کو توڑ سکتا ہوں
سہولتوں سے کہتا تھا
میں تم کو چھوڑ سکتا ہوں
ہواؤں سے وہ کہتا تھا
میں تم کو موڑ سکتا ہوں

وہ خواب سے یہ کہتا تھا
کہ تجھ کو سچ کروں گا میں
وہ آرزو سے کہتا تھا

میں تیرا ہم سفر ہوں
تیرے ساتھ ہی چلوں گا میں
تُو چاہے جتنی دور بھی بنا لے اپنی منزلیں
کبھی نہیں تھکوں گا میں

وہ زندگی سے کہتا تھا
کہ تجھ کو میں سجاؤں گا
تُو مجھ سے چاند مانگ لے
میں چاند لے کے آؤں گا

وہ آدمی سے کہتا تھا
کہ آدمی سے پیار کر
اُجڑ رہی ہے یہ زمیں
کچھ اِس کا اب سنگار کر

عجیب آدمی تھا وہ

وہ زندگی کے سارے غم
تمام دکھ
ہر اک ستم سے کہتا تھا
میں تم سے جیت جاؤں گا
کہ تم کو تو مٹا ہی دے گا ایک روز آدمی
بھلا ہی دے گا یہ جہاں
مری الگ ہے داستاں
وہ آنکھیں جن میں خواب ہیں

وہ دل ہے جن میں آرزو
وہ بازو جن میں ہے سکت
وہ ہونٹ جن پہ لفظ ہیں
رہوں گا اُن کے درمیاں
کہ جب میں بیت جاؤں گا

عجیب آدمی تھا وہ

***

برگد

میرے رستے میں اک موڑ تھا
اور اُس موڑ پر
پیڑ تھا ایک برگد کا
اونچا
گھنا
جس کے سایے میں میرا بہت وقت بیتا ہے
لیکن ہمیشہ یہی میں نے سوچا
کہ رستے میں یہ موڑ ہی اس لیے ہے
کہ یہ پیڑ ہے
عمر کی آندھیوں میں
وہ پیڑ ایک دن گر گیا
موڑ لیکن ہے اب تک وہیں کا وہیں
دیکھتا ہوں تو
آگے بھی رستے میں
بس موڑ ہی موڑ ہیں
پیڑ کوئی نہیں

راستوں میں مجھے یوں تو مل جاتے ہیں مہرباں
پھر بھی ہر موڑ پر
پوچھتا ہے یہ دل
وہ جو اک چھاؤں تھی
کھو گئی ہے کہاں ***

ہل اسٹیشن

گھل رہا ہے سارا منظر شام دُھندلی ہو گئی
چاندنی کی چادر اوڑھے ہر پہاڑی سو گئی

وادیوں میں پیڑ ہیں اب نیلگوں پر چھا ئیاں
اُٹھ رہا ہے کُہرا جیسے چاند نی کا ہو دھواں

چاند پگھلا تو چٹانیں بھی ملائم ہو گئیں
رات کی سانسیں جو مہکیں اور مدّھم ہوگئیں

نر م ہے جتنی ہوا اُتنی فضا خاموش ہے
ٹہنیوں پراوس پی کے ہر کلی بے ہوش ہے

موڑ پر کروٹ لیے اب اونگھتے ہیں را ستے
دور کوئی گا رہا ہے جانے کس کے واسطے

یہ سکوں میں کھوئی وادی نور کی جا گیر ہے
دودھیا پردے کے پیچھے سُرمئی تصویر ہے

دُھل گئی ہے روح لیکن دل کو یہ احساس ہے
یہ سکوں بس چند لمحوں کو ہی میرے پاس ہے

فا صلو ں کی گر د میں یہ سادگی کھو جائے گی
شہر جاکر زندگی پھر شہر کی ہوجائے گی

پیڑ سے لپٹی بیل

ایک پرانے
اور گھنیرے پیڑ کی اک ڈالی سے لپٹی
بیل میں
ساری پیڑ کی رنگت
پیڑ کی خوشبو
سما گئی تھی
بیل بھی پیڑ کا اک حصہ تھی
پیڑ کے بارے میں
یوں تو سو افسانے تھے
بیل کا کوئی ذکر نہیں تھا
وہ خاموش سا اک قصہ تھی
پیڑ پہ رنگوں کا موسم تھا
بیل پہ جیسے
ہلکی سی مسکان کے
ننھے پھول کھلے تھے
لیکن
پھر یہ موسم بدلا
اور بڑی زہریلی ہوائیں
پیڑ گرانے
چاروں دِشاؤں سے جب لپکیں
یوں لگتا تھا
پیڑ ہوا میں
پتہ پتہ بکھر رہا ہے

یوں لگتا تھا
ساری شاخیں ٹوٹ رہی ہیں
یوں لگتا تھا
ساری جڑیں اب اُکھڑ رہی ہیں
پل دو پل میں
پیڑ زمیں پر
منہ کے بل گرنے والا ہے
پر جو ہوا
وہ قصہ بھی سننے والا ہے
پیڑ جو کانپا
بیل کے تن من میں جیسے
اک بجلی دوڑی
ریشم جیسی بیل کا ریشہ ریشہ
جیسے لوہے کا اک تار بنا
اور بیل نے
ساری ٹوٹی شاخوں کو
یوں باندھا
پیڑ کے سارے گھائل تن کو
یوں لپٹایا
پیڑ کی ہر زخمی ڈالی کو
کچھ یوں تھاما
جتنی تھیں زہریلی ہوائیں
پیڑ سے سر ٹکرا ٹکرا کے
ہار گئی ہیں
ہانپ رہی ہیں

ہو کے پریشاں
ہکّا بکّا دیکھ رہی ہیں

وقت کے بھی ہیں کھیل نرالے
بیل اپنی بانہوں میں اب ہے پیڑ سنبھالے
دھیرے دھیرے
گھائل شاخوں پر
پتّے پھر نکل رہے ہیں
دھیرے دھیرے
نئی جڑیں پھوٹی ہیں
اور دھرتی میں گہری اُتر رہی ہیں
بیل پہ جیسے
ایک نئی مسکان کے ننھے پھول کھلے ہیں

***